JN235131

## 3 P.33

1 ゆうせん
2 りしょく
3 ふえる
4 でんか
5 とのさま
6 じしん
7 ふるえる
8 ほしゅ
9 とらえる
10 にゅう
11 しん
12 おかす
13 あせみず
14 はっかん
15 かんしょく
16 さわる
17 らくるい
18 なみだごえ

## 練習1 P.34～37

### 1 P.34・35

1 げきどう
2 はげ
3 だん
4 あたた
5 こんなん
6 むずか
7 ようちゅう
8 おさな
9 きほん
10 もと
11 せんそう
12 いくさ
13 かくにん
14 みと
15 かせん
16 かわ
17 たんさ
18 さぐ
19 せいい
20 まこと
21 めいしん
22 まよ
23 しゅうしん
24 つ
25 しょくよく
26 ほ
27 しょう
28 つくえ
29 かえり
30 すわ
31 まんざ
32 した
33 どくぜつ
34 きょう
35 うつわ
36 じゅよ
37 たのわ
38 さず
39 はへん
40 かたがわ

### 2 P.36・37

1 あくしゅ
2 にぎ
3 れんさい
4 の
5 しょうほう
6 くわ
7 ちんちょう
8 めずら
9 ばつぐん
10 ぬ
11 はんも
12 しげ
13 いってき
14 しずく
15 そうい
16 ちが
17 びようしゃ
18 か・えが
19 はくりょく
20 せま
21 てんじょう
22 そ
23 とうみん
24 ねむ
25 ちょうば
26 は
27 がんちく
28 ふく
29 りんか
30 となり
31 どんじゅう
32 にぶ
33 えいきょう
34 ひび
35 えんとつ
36 つちけむり
37 よか
38 ひま
39 しんとう
40 ひた

# 練習2 P.38〜41

## 1 P.38・39

1 ふうし
2 さ
3 かいもく
4 みな
5 くのう
6 なや
7 ぼうけん
8 おか
9 じんじょう
10 あま
11 かんげん
12 たず
13 ていぼう
14 つつみ
15 かいりつ
16 いまし
17 けいは
18 うすぎ
19 ゆうべん
20 おす
21 どんてん
22 くも
23 けいこう
24 かたむ
25 かいひん
26 はまべ
27 せいじゃく
28 さび
29 しらい
30 たよ
31 りりく
32 はな
33 あっとう
34 たお
35 いんたい
36 かく
37 めいよ
38 ほま
39 やっき
40 おど
41 だつぼう
42 ぬ
43 ちこく
44 おく
45 しんせん
46 あざ
47 せんりょう
48 し

### スキルアップ 練習2 ①

3 「皆目」は、下に打ち消しの言葉をともなって、まったく、全然という意味を表す。

8 「おかす」は同訓異字が多いので、使い分けに注意。「冒す」は、困難なことをあえてするの意味。

11 「甘言」は、相手の心をひきつける、口先だけのうまい言葉のこと。

19 「雄弁」は、力強く説得力のある言い方のこと。

35 「隠退」は、社会的な仕事を一切やめ、静かに暮らすこと。

39 「躍起」は、あせってむきになること。

41 「脱帽」は、(敬意を表すために)帽子を脱ぐことの意味だが、特に自分よりも力量が上だと認めた相手に敬意を表す時に用いる場合がある。

## 2 P.40・41

1 きがん
2 いの
3 そうご
4 たが
5 すいようえき
6 と
7 ふくいん
8 はば
9 けんよう
10 か
11 はっくつ
12 ほ
13 しんちょう
14 つつし
15 ていはく
16 と
17 とせん
18 わた
19 ふんすい
20 ふ
21 ぶたい
22 ま
23 れんぽう
24 みね
25 ふきゅう
26 く
27 ほうふ
28 かか
29 だいたい
30 か
31 こうてん
32 あら
33 とろ
34 は
35 じんりょく
36 つ
37 てきよう
38 つ
39 へきが
40 かべ
41 とうは
42 ふ
43 じゅんかい
44 めぐ
45 ひっち
46 いた
47 はけん
48 こづか

### スキルアップ 練習2 ②

7 「幅員」は、船・車両・橋・道路などの幅のこと。

9 「兼用」は、一つの物を二つ以上の用途に使うこと。または、二人以上で使うこと。

17 「渡船」は、渡し船のこと。「渡船場」は、渡し船が発着する場所のこと。

25 「不朽」は、後世まで価値がなくならないで残ること。

31 「荒天」は、風雨の激しい悪い天候のこと。

33 「吐露」は、心の中に思っていることを包み隠さず口にすること。

36 「筆舌に尽くしがたい」は、言葉や文章では表しようがないということ。

37 「摘要」は、要点を抜き書きすること。または、その抜き書きのこと。

41 「踏破」は、困難な道や長い道のりを歩き通すこと。

45 「筆致」は、文字や文章の書きぶりのこと。

# 漢字の部首

▼本誌 P.48〜57

## ウォーミングアップ P.48〜49

**1** P.48
1 糸　2 扌　3 言　4 艹
5 止　6 木　7 羊　8 土

**2**
1 イ　2 エ　3 イ　4 ア　5 ウ
6 イ　7 ア　8 イ　9 ウ　10 エ

**3** P.49
1 イ　2 車　3 皿　4 ○　5 ○　6 力　7 リ　8 斗　9 ○　10 ○　11 鳥
12 巛　13 ○　14 ○　15 青　16 心　17 ○　18 糸　19 耳　20 麦　21 士　22 ○

## 練習1 P.50〜53

**1** P.50
1 オ・○　2 エ・キ　3 コ・ア　4 エ・キ　5 ケ・ク

**2**
1 ウ・ケ　2 イ・オ　3 ア・イ　4 ア・ウ　5 オ・カ

**3** P.51
1 オ・キ　2 ケ・イ　3 イ・エ　4 コ・ア　5 う・エ

**4**
1 か・ケ　2 き・ア　3 え・ク　4 お・ウ　5 け・コ

**5** P.52・53
1 エ　2 ウ　3 エ　4 ア　5 ウ　6 エ　7 エ　8 エ　9 エ　10 ウ　11 エ　12 エ　13 エ　14 ア　15 エ　16 ア　17 イ　18 ア　19 ウ　20 ウ　21 ア
22 イ　23 ア　24 ウ　25 エ　26 ア　27 エ　28 ア　29 イ　30 イ　31 ア　32 イ　33 ア　34 ウ　35 ア　36 イ　37 イ

## 練習2 P.54〜57

**1** P.54・55

| 1 | 2 | 3 | 4 | 5 | 6 | 7 | 8 | 9 | 10 | 11 | 12 | 13 | 14 | 15 | 16 | 17 | 18 | 19 | 20 | 21 |
|---|---|---|---|---|---|---|---|---|---|---|---|---|---|---|---|---|---|---|---|---|
| ア | ウ | ウ | ウ | エ | ア | イ | ア | エ | ウ | エ | ウ | イ | ウ | ウ | ウ | ウ | ウ | ウ | イ | エ |

| 22 | 23 | 24 | 25 | 26 | 27 | 28 | 29 | 30 | 31 | 32 | 33 | 34 | 35 | 36 | 37 | 38 | 39 | 40 | 41 | 42 |
|---|---|---|---|---|---|---|---|---|---|---|---|---|---|---|---|---|---|---|---|---|
| ウ | ウ | ア | イ | エ | ア | ウ | ア | ウ | イ | エ | イ | ア | ア | ア | ア | ウ | ウ | ウ | エ | イ |

### スキルアップ 練習2 ①

**3**「隶」は、「れいづくり」という部首。常用漢字でこの部首に属するのは「隷」のみ。

**5**「鹿」は、「しか」という部首で、常用漢字でこの部首に属するのは「麗」「鹿」の二字のみ。

**7**「夂」は、「すいにょう・ふゆがしら」という部首。

**13**「秈(のぎへん)」ではないので注意。「利」は、もとは鋭い刃物やすきで農地を耕すの意味。

**14**「鼓」は、「つづみ」という部首。常用漢字でこの部首に属するのは「鼓」のみ。

**16**「貝(かい・こがい)」ではないので注意。「員」の部首は、「口(くち)」。

**23**「暮」は、おおいかくす布という意味。「艹(くさかんむり)」ではないので注意。「巾(はば)」は、布に関係する意味の部首。

**26**「幺」は、「よう・いとがしら」という部首。

**27**「エ(なべぶた・けいさんかん

**32**「彡」は、「かみがしら」という部首。常用漢字でこの部首に属するのは「髪」のみ。

**35**「至」は、その漢字自体が部首になっている。部首名は「いたる」。

**39**「冖」は、「つかんむり」という部首。この部首の漢字にはほかに「巣」「営」「厳」がある。

**41**「豕」は、「ぶた・いのこ」という部首。

**42**「舗」の部首は「舌(した)」。旧字「舖」の「舌」の部分からきた部首。

**2** P.56

| 1 | 2 | 3 | 4 | 5 | 6 | 7 | 8 | 9 | 10 | 11 |
|---|---|---|---|---|---|---|---|---|---|---|
| ア | エ | イ | エ | イ | エ | ア | イ | ア | イ | ア |

| 12 | 13 | 14 | 15 | 16 | 17 | 18 | 19 | 20 | 21 | 22 |
|---|---|---|---|---|---|---|---|---|---|---|
| エ | エ | イ | ア | エ | ア | エ | ア | ア | ウ | エ |

## 練習2② スキルアップ

4 「黙」の部首は「黒(くろ)」。部首の部分が「黙」の中ではそのままの形になっていないので注意。

8 「ノ」は、「の・はらいぼう」という部首。常用漢字でこの部首に属するのは「乗」「久」「乏」の三字のみ。

9 「巾」は、「はばへん・きんべん」という部首。

12 「戈(ほこづくり・ほこがまえ)」としないように注意。

14 「干」は、「かん・いちじゅう」という部首。

18 「足」は、「ひき」という部首。「ヒ(ひ)」としないように注意。

22 「斗」は、「とます」という部首。常用漢字でこの部首に属するのは「斜」「料」「斗」の三字のみ。

## ③ P.57

1 木　2 日　3 山　4 香　5 犭　6 舛　7 月　8 肉　9 隹　10 心　11 二　12 玄　13 頁　14 臣　15 見　16 曰　17 舟　18 卜　19 彳　20 癶　21 耳　22 鼻　23 乙　24 目　25 力　26 ハ　27 立　28 工　29 日　30 弋　31 禾　32 攴　33 ﹅　34 一　35 土　36 氵

## 練習2③ スキルアップ

1 「柔」は、もとは折れないしなやかな木という意味があり、木に関係する漢字。

6 「舛」は、「まいあし」という部首。常用漢字でこの部首に属するのは「舞」のみ。

11 「二」は、「に」という部首。意味からではなく、形の上から部首に立てられている。この部首の漢字にはほかに「五」「井」などがある。

14 「臣」は、「しん」という部首。

22 「鼻」は、その漢字自体が部首になっている。

26 「ハ」は、「はち」という部首。

28 「工」は、「え・たくみ」という部首。

31 「禾」は、「のぎ」という部首。常用漢字でこの部首に属するのは「秀」のみ。

---

# 熟語の理解　熟語の構成

▼本誌 P.64〜69

## ウォーミングアップ P.64

**1**
1 当落　2 漁場　3 外食　4 終演　5 議題　6 現状　7 病難　8 遅刻

**2**
1 無　2 未　3 不　4 未　5 不　6 未　7 未　8 不　9 非　10 未　11 不　12 不

## 練習1 P.65

1 イ 2 エ 3 ア 4 カ 5 エ 6 イ 7 エ 8 ウ

9 エ 10 ア 11 イ 12 カ 13 ウ 14 ア 15 エ 16 オ

## 練習2 P.66・67

1 ア 2 オ 3 ア 4 エ 5 オ 6 カ 7 ウ 8 オ 9 ウ 10 ア 11 エ 12 ア 13 ウ 14 ア 15 イ 16 ア 17 ウ 18 エ 19 ウ 20 イ 21 イ 22 イ 23 エ 24 カ 25 エ

P.66〜69

26 ウ 27 ア 28 イ 29 オ 30 ア 31 ア 32 カ 33 エ 34 ウ 35 ア 36 ウ 37 イ 38 ア 39 ウ 40 ア 41 ア 42 エ 43 エ 44 イ 45 ウ 46 エ 47 エ 48 ア 49 ア 50 オ

### スキルアップ 練習2 ①

51 エ 52 ウ 53 イ 54 エ 55 ウ 56 ア 57 ウ

58 カ 59 エ 60 ウ 61 イ 62 ウ 63 ウ 64 オ

7 「鎖」には、とざすという意味がある。

28 「授」はさずけるという意味。「受」はうけて、音が同じだが、形が似ていて、反対の意味を表しているので注意。

60 「歓」は、よろこぶという意味を持つ。

### 2 P.68

1 キ 2 オ 3 ア 4 イ

5 ク 6 エ 7 ウ 8 カ

### スキルアップ 練習2 ②

3 「巨」も、おおきいという意味を持つ。

### 3

1 エ 2 オ 3 キ 4 イ

5 ウ 6 ア 7 ク 8 カ

### スキルアップ 練習2 ③

2 「浮沈」は、浮き沈み、特に栄えることとおとろえることの意味で用いられる。

8 「賞」はほめること、「罰」は罰することの意味。

# 熟語の理解　熟語の作成
▼本誌P.70〜75

## ウォーミングアップ P.70

**1**
1 徴　2 釈　3 忙　4 威
5 陣　6 違　7 襲　8 紋

## 練習1 P.71

**1**
1 寸暇　2 隷属　3 露出　4 匹敵　5 依頼
6 路傍　7 基盤　8 光陰　9 怒号　10 代替

**2**
1 入・出　2 売・下　3 談・待　4 追・言・波　5 入・紹・在
（いずれも順不同）

## 練習2 P.72〜75

**1** P.72
1 ク　2 ア　3 キ　4 エ　5 ウ

**スキルアップ 練習2 1**
4「執心」は、一つのことに心をうばわれること。
5「突端」は、「とったん」と読む。また、「とっぱし」と読む。意味はつき出たはしのこと。「とっぱな」という読みもあるが、常用漢字表外の読み方になる。

**2**
1 キ　2 エ　3 コ　4 ケ　5 オ

**スキルアップ 練習2 2**
1「皆目」は、後に打ち消しの言葉をともなって、まったく・全然の意味を表す。
5「枯淡」は、あっさりしている中にも深い味わいがあること。

**3** P.73
1 オ　2 ク　3 キ　4 エ　5 コ

**スキルアップ 練習2 3**
3「物騒」は、何が起こるかわからない危険な状態のこと。
4「賦与」は、分け与えること。才能などが生まれつき備わっている意味でも用いる。

**4**
1 ウ　2 ク　3 ア　4 オ　5 コ

**スキルアップ 練習2 4**
1「踏査」は、実際にその土地に出かけていって調べること。
3「浸食」は、（流れや風雨などの）水がしみ込んで、岩や土をけずりとっていくこと。
4「散会」は、会合が終わり人々が別れ去ること。

## P.69

**4**
1 ウ　2 ア　3 エ　4 イ　5 イ　6 ウ　7 ウ
8 ア　9 ア　10 ア　11 エ　12 ア　13 ウ　14 イ

**スキルアップ 練習2 4**
3「離合」は離れたり一緒になったりすること。
4「不惑」は四十歳という意味もあるが、ここでは「迷いがないこと」と考える。
9「皮」「膚」ともに、からだの表面をおおっているものの意。
10「及落」は及第と落第。つまり合格と不合格を表す語。
11「需」にはもとめる、「給」にはあたえるの意味がある。「需要」「供給」という対義語を考えてみるとよい。

## 練習2

### 5 P.74
1 オ
2 ク
3 ケ
4 コ
5 エ

**スキルアップ**
1「浮説」は、よりどころのないうわさのこと。
3「販路」は、商品を売る方面、売れ口のこと。
5「砲煙」は、大砲をうったときに出る煙のこと。

### 6
1 ア
2 ウ
3 エ
4 コ
5 キ

**スキルアップ**
1「舗道」は、舗装された道のこと。
4「訴状」は、裁判所に提出する、訴えの内容を記した文書のこと。
5「薄着」は、訓読みの熟語。

### 7 P.75
1 a　2 e　3 a　4 d　5 f
6 a　7 c　8 d　9 e　10 b
11 c　12 a　13 f　14 b

**スキルアップ**
4「雅趣」は、風雅なおもむきということ。
7「非認」は誤り。否定し認めないことの意味の熟語は「否認」。
8「自漫」ではなくて、「自慢」。同音類字の「漫」と「慢」の使い分けに注意。
9「筆触」は、絵などで、筆さばきでできた色調やリズムのこと。
10「雄図」は、勇ましく大きな計画のこと。「雄飛」は、意気盛んに活躍すること。「雄偉」は、優れて立派なこと。
12「途次」は、ある所へ行く途道すがら。
13「躍気」は誤り。むきになることは「躍起」。
14「摘記」は、重要箇所を選び出して書くこと。また、それを書いたもの。

## 対義語・類義語 ▼本誌P.82～91

### ウォーミングアップ P.82～83

**1 P.82**
1 鋭
2 緯
3 満
4 建
5 弁
6 普
7 違
8 与

**2**
1 理性
2 攻撃
3 皆勤
4 消費
5 派手
6 革新
7 熟視
8 先祖
9 中断
10 質疑
11 加熱

**3 P.83**
1 沈
2 剣
3 導
4 巨
5 宝
6 任
7 切
8 即
9 精
10 堅

## 練習1　P.84〜87

**1** P.84
1 アきしょう　イ寝
2 アしんげき　イ却
3 アきょうきゅう　イ需
4 アりえき　イ損
5 アかいほう　イ鎖
6 アじょがい　イ含
7 アけいそつ　イ慎
8 アのうしゅく　イ釈
9 アからく　イ痛
10 アきよか　イ禁
11 アこうが　イ俗
12 アだんねん　イ執

**2** P.85
1 アせんゆう　イ占
2 アがいけん　イ及
3 アごうかく　イ裁
4 アおもに　イ担
5 アけいしょう　イ踏
6 アへいそつ　イ常
7 アすじみち　イ絡
8 アげんいん　イ機
9 アかいかつ　イ朗
10 アさいしん　イ丹
11 アかいてい　イ更

**3** P.86
1 ア・イ
2 ア・イ
3 イ・ウ
4 ア・エ
5 ア・エ
6 ウ・エ
7 ウ・エ
8 ア・イ
9 イ・エ
10 イ・エ
11 ア・エ
12 ア・ウ
(いずれも順不同)

**4** P.87
1 イ・エ
2 ア・エ
3 イ・ウ
4 ア・ウ
5 ア・イ
6 ウ・エ
7 ア・イ
8 ア・ウ
9 ア・エ
10 ア・エ
11 ア・ウ
12 イ・エ
(いずれも順不同)

**4**
1 容易
2 最高
3 模範
4 理由
5 再生
6 難儀
7 汚名
8 片腕
9 準備
10 中傷

## 練習2　P.88〜91

**1** P.88
1 透
2 違
3 争
4 減
5 誕
6 勤
7 屈
8 拠
9 尋
10 仰

### スキルアップ 練習2①

3「適法」は、法律にかなっているということ。

9「尋常」は、よく「非常な」という意味で「尋常でない」という使い方をするが、「尋常」自体は「特別でない・当たり前のこと」の意味で「尋常でない」ということ。

10「仰天(ぎょうてん)」は、天を仰ぐほど驚くという意味から、ひどく驚くということ。

# 練習2

## 2 P.89

1. 相
2. 熟
3. 就
4. 抵
5. 凶
6. 朽
7. 賛
8. 豪
9. 達
10. 途

**スキルアップ**
1「相対」は、他との関係を持ち合って存在・成立すること。
9「栄達」は、高い地位にのぼること。

## 3

1. 劣
2. 振
3. 式
4. 兼
5. 離
6. 援
7. 絶
8. 突
9. 到
10. 搬

**スキルアップ**
5「結束」は団結すること。「離反」は従っていたものが離れ背くこと。
9「周到」は、細かいところまで行き届いていること。

## 4

1. 隣
2. 尊
3. 属
4. 齢
5. 是
6. 縁
7. 盤
8. 著
9. 独
10. 岸

**スキルアップ**
4「齢」を「令」としないように注意。
10 二語とも「海」があるが「うみ」「かい」と違う読みで使用されているので、片方の読みに惑わされないようにしよう。

## 5 P.90

1. 避
2. 敏
3. 跡
4. 借
5. 嘆
6. 踏
7. 傍
8. 慢
9. 介
10. 寸

**スキルアップ**
8「慢」を「漫」と書き誤らないように注意。

## 6

1. 統
2. 微
3. 濃
4. 徴
5. 戒
6. 趣
7. 互
8. 匹
9. 留
10. 敬

**スキルアップ**
1「正統」を「正当」と誤らないようにしよう。
6「道楽」は、本業以外の楽しみのこと。

## 7 P.91

1. 短縮
2. 精神
3. 濁流
4. 詳細
5. 猛暑
6. 手柄
7. 冒頭
8. 草稿
9. 熱狂
10. 傾向

**スキルアップ**
4「大略」は、おおよそという意味。
7「草稿」は、文章の下書きのこと。

## 8

1 平易
2 模型
3 恒例
4 闘争
5 圧勝
6 露見
7 忠告
8 備蓄
9 奇抜
10 方法

### スキルアップ 練習2⃣ 8

9「奇抜」も「突飛」も、ふうとは違っていること、人の意表をつくことの意味を持つ。
10「手段」の類義語には「方策」もある。

---

## 四字熟語 ▼本誌P.96〜107

### ウォーミングアップ P.96〜97

**1⃣ P.96**
1 キ
2 イ
3 オ
4 ウ
5 カ
6 コ
7 ア
8 ク
9 ケ
10 エ

**2⃣ P.97**
1 百
2 三
3 十
4 七
5 四
6 百
7 千
8 四
9 六
10 一
11 千
12 九
13 五
14 二
15 ニ
16 八

### 練習1 P.98〜101

**1⃣ P.98・99**
1 ア
2 エ
3 イ
4 ウ
5 ア
6 イ
7 ウ
8 エ
9 ア
10 ウ
11 ウ
12 エ
13 ウ
14 イ
15 エ
16 ア
17 ア
18 ウ
19 エ
20 エ
21 イ
22 ア
23 エ
24 ウ
25 ウ
26 イ

**2⃣ P.100・101**
1 致
2 己
3 在
4 承
5 古
6 飛
7 処
8 眠
9 害
10 喜
11 様
12 願
13 用
14 鋭
15 麗
16 退
17 雲
18 歩
19 工
20 件
21 疑
22 左
23 八
24 抱
25 朗
26 耳
27 実
28 存
29 難
30 終
31 復
32 奇
33 公
34 壁
35 専
36 薄
37 短
38 乾
39 罰
40 乱
41 機
42 背
43 文
44 45

## 練習2  P.102〜107

**1** P.102・103

1 慮 2 即 3 私 4 達 5 常 6 災 7 紫 8 後 9 狂 10 強 11 維 12 道 13 来 14 霧 15 俗 16 黙 17 翼 18 満 19 想 20 射

23 信 24 刀 25 闘 26 給 27 口 28 八 29 敏 30 汚 31 難 32 船 33 環 34 避 35 機 36 尽 37 専 38 兼 39 進 40 雷 41 創 42 体 43 範 44 針 45 未

## スキルアップ 練習2 ①

1 「思慮分別」は、物事に深く考えをめぐらし判断すること。

2

3

5 「上意下達」は、上の者の意志や命令を、下の者によく徹底させること。「下意上達」という対義語がある。

6 「無常」を「無情」としないように注意。

7 「山紫水明」は、自然の景観が清らかで美しいこと。

10 「妙計奇策」は、人の意表をついた奇抜で優れたはかりごとのこと。

13 「博覧強記」は、広く書物に親しみ、内容をよく記憶していること。また、知識が豊富なこと。

16 「雲散霧消」は、跡形もなく消えてなくなること。

19 「比翼連理」は、男女の情愛が深く、仲むつまじいことのたとえ。

25 「悪戦苦闘」は、困難を乗り越えようと非常な努力をすること。

27 「異口」を「異句」としないように注意。

32 「南船北馬」は、あちこち旅行すること。中国では、南は川が多いので船を使い、北は山が多いので馬で往来したことによる。

35 「好機」を「好期」「好季」と誤らないよう注意。

37 「独断専行」は、自分一人の判断で勝手に物事を行うこと。

38 「兼愛無私」は、区別なく広く人を愛すること。

40 「付和雷同」は、自分の主義主張がなく他人の言動に軽々しく同調して他人の意見に賛成すること。「雷同」は雷が鳴ると物がそれに応じて響くこと。

42 「絶体」を「絶対」と誤らないよう注意。

43 「率先垂範」は、人に先立って模範を示すこと。

44 「針小棒大」は、物事を実際より大げさに言う、という意味。

## 2 P.104・105

1 暗鬼
2 石火
3 単刀
4 翼翼・翼々
5 即妙
6 径行
7 雲煙
8 大義
9 移植
10 依然
11 応変
12 音吐
13 多端
14 起死
15 清寂
16 無根
17 急転
18 散漫
19 白日
20 同床
21 半解
22 頭寒
23 晴耕
24 優柔
25 立身
26 驚天
27 整然
28 無欠
29 平身
30 湯池
31 五五・五々
32 破顔
33 輩出
34 漫言
35 玉条
36 明鏡
37 露宿
38 本位
39 二鳥
40 晩成
41 馬食
42 大同
43 固定
44 前途
45 混交

## スキルアップ

1 「単刀」を「短刀」としないように注意。

3 「疑心暗鬼」は、疑いの心があると、なんでもないことにまで不安や恐怖を覚えるようになってしまうこと。

6 「直情径行」は、周囲の状況や相手の気持ちにかまわず、自分の思った通りに振る舞うこと。

7 「雲煙過眼」は、物事に深く執着しないことのたとえ。

12 「音吐朗朗」は、声がはっきりと響きわたるさま。

13 「多事多端」は、仕事が多くて非常に忙しいこと。「多事」を「他事」としないように注意。

15 「和敬清寂」は、千利休の茶道の精神を象徴する言葉で、主人と客が心をやわらげて敬い、茶室など身のまわりを清らかで静かに保つこと。

17 「急転直下」は、事態・情勢が急に変化して、物事が解決し、決着がつくこと。

19 「青天白日」は、晴れわたった青空と日の光で快晴、という意味から転じて、心にやましいことが全くないことをたとえる言葉。無罪が明らかになることにもいう。

21 「一知半解」は、自分のものになっていない生半可な知識や理解のこと。同じような意味の表現に「半知半解」がある。

23 「晴耕雨読」は、晴れた日は畑を耕し、雨の日は家にこもって読書をするという意味から、田園で自分の望み通りに心静かな生活を送ること。

26 「驚天動地」は、世間をおおいに驚かせること。

30 「金城湯池」は、ほかから攻め込まれない堅固な備えという意味。

34 「漫言放語」は、言いたい放題という意味。

35 「金科玉条」は、自分の主張や立場などの絶対的なよりどころとなる教訓や信条のこと。

36 「金」「玉」は大切なものの意味。「科」「条」は法律や規定の条文のこと。
「明鏡止水」は邪念がなくすっきりと澄みきった心境という意味。「明鏡」は一点のくもりもないきれいな鏡のこと。「止水」は静止して澄みきった水のこと。

37 「草行露宿」は、草の生い茂った野原を分けて進み、野宿しながら旅をすること。

45 「玉石混交」は、価値のあるものとないものが入り交じっている様子。

## 練習2

### 3 P.106

1 背
2 壊
3 戸
4 画
5 有
6 断
7 深
8 行
9 失
10 徒

**スキルアップ**
3「門戸開放」は、制限をなくし自由にすること。「開放」を「解放」としないように注意。
4「自画」を「自我」としないように注意。
5「有象無象」は、形があるもののないものすべてという意味から転じて、数は多いが種々雑多なつまらない人やものこと。
7「深長」を「慎長」「慎重」としないように注意。
9「千慮一失」は、どんな賢者にも多くの考えの中には一つぐらい誤りがあるという意味。

### 4

1 鎖
2 即
3 剣
4 利
5 危
6 半
7 温
8 清
9 率
10 跡

**スキルアップ**
2「色即是空」は、仏教の教義で、この世の一切の物質的なものは、固有の本質はないことを表した語。
5「危急存亡」は、危険が迫っていて、生きるか死ぬかの瀬戸際のこと。
6「一言半句」は、ほんの少しの短い言葉の意味。
7「三寒四温」は、冬季に寒い日が三日続くと、そのあと四日暖かい日が続くという気候現象をいう。気候がだんだん暖かくなることにも用いる。

### 5 P.107

1 氷
2 倒
3 舞
4 覚
5 髪
6 豊
7 恒
8 欲
9 逆
10 鬼

**スキルアップ**
1「月下氷人」は、仲人のこと。
5「一髪」を「一発」としないように注意。
10「鬼面仏心」は、恐ろしい外見に反して仏のように優しい心を持つこと。またその人。

### 6

1 端
2 触
3 兼
4 操
5 老
6 薄
7 抗
8 実
9 果
10 優

**スキルアップ**
1「容姿端麗」は、姿かたちが美しいこと。「端麗」は、整っていて美しいこと。
4「志操堅固」は、主義や考えなどを堅く守って変えないこと。「志操」は、堅く守っていて変えない志のこと。
5「軽薄短小」は、うすっぺらで中身のない様子。人の性格、構造物などにつていう。
9「因果応報」は、人の行いの善悪に応じてその報いがあらわれること。

# 送りがな

▼本誌P.112〜119

## ウォーミングアップ P.112〜113

**1**
1 イ
2 イ
3 イ
4 イ
5 イ
6 イ
7 イ
8 イ
9 イ
10 イ
11 イ
12 ア
13 ア
14 ア
15 ア
16 イ
17 イ
18 イ
19 イ
20 イ
21 イ
22 イ
23 イ
24 ア
25 ア

## 練習1 P.114〜115

**1** P.114
1 ほころ(びる)
2 きずく
3 くもる
4 いそがしい
5 するどい
6 ひびく
7 くわしい
8 あわい
9 いたる
10 たたかう
11 はらう
12 もとづく
13 めずらしい
14 おさない
15 かがやく
16 するどい
17 えらい
18 やぶれる
19 のぞく
20 ひきいる
21 おびる
22 ささえる
23 となえる
24 ささえる
25 あらそう
26

**2** P.115
1 乱れる
2 勢い
3 違う
4 汚う
5 垂れる
6 並べる
7 恵み
8 鈍い
9 尽きる
10 甘い
11 済ます
12 捨てる
13 渡かる
14 狭い
15 畳む
16 激しい
17 戒める
18 閉ざす
19 縮める
20 弾む

## 練習2 P.116〜119

**1** P.116・117
1 襲う
2 握る
3 供える
4 抱える
5 慎む
6 交われ
7 描く
8 悩ましい
9 逃す
10 訴える
11 嘆く
12 跳ねる
13 含む
14 拝む
15 惑わす
16 恋しい
17 遅い
18 渡る
19 盗む
20 驚く
21 眠く
22 隠す
23 濁す
24 迎える
25
26 占う
27 煮える
28 斜め
29 枯れる
30 浮かべる
31 泊まる
32 添える
33 沈む
34 脱げる
35 黙る
36 劣る
37 及ぼす
38 寝かす
39 与える
40 怒り
41 叫ぶ
42 刺さる
43 寂しい
44 頼る
45 細かく
46 最も
47 幸い
48 険しい
49 燃やす
50 再び

### スキルアップ

3 神や仏にささげるという意味の場合は「供える」。

7 「描く」は「えがく」とも読める。

9 「描く」と書いた場合は「えがく」とも「かく」とも読める。

31 「のがす」は「逃す」と送るが、「にがす」の場合は「逃がす」と送ることにも注意。

32 「とまる」の同訓異字には「止まる」「留まる」があるが、ともに「泊まる」と判断する。

40 「添える」を「沿う」と混同しないように注意。

46 「怒」の訓には「いかる」「おこる」があるが、ともに「怒る」と送る。

副詞・連体詞・接続詞は最後の音節を送るのが本則。

## 練習2

**2** P.118・119

1 壊れる
2 載せる
3 勇ましい
4 危うい
5 従い
6 慣れる
7 兼ねる
8 越える
9 攻める
10 謝る
11 認める
12 仰ぐ
13 巡る
14 厳かに
15 震える
16 腐る
17 豊かな
18 乾かす
19 蓄える
20 伺う
21 報いる
22 忘れる
23 澄ます
24 捕まえる
25 迫る
26 避ける
27 背ける
28 望ましい
29 茂る
30 従う
31 異なる
32 怖い
33 浸る
34 離れる
35 倒れる
36 透ける
37 抜ける
38 被る
39 鮮やかな
40 贈る
41 恥じる
42 裁く
43 疲れる
44 踏まえ
45 改める
46 誉れ
47 志す
48 飾れる
49 軽やかに
50 朽ちる

### スキルアップ 練習2 ②

2「載せる」を同訓異字の「乗せる」としないよう注意。
10「謝る」を同訓異字の「誤る」としないよう注意。
14 活用語尾(「厳かだ」の「だ」)の前に、「か」「やか」「らか」を含む形容動詞は、その「か」「やか」「らか」から送るので「厳かに」となる。
33「浸」を似た字形の「侵」と誤らないように注意。
47 名詞「志」の場合は送りがなはつけない。

## 同音・同訓異字

▶本誌 P.122〜129

### ウォーミングアップ P.122〜123

**1** P.122

1 ア
2 イ
3 イ
4 イ
5 イ
6 イ
7 イ
8 イ
9 ア
10 ア
11 イ
12 イ
13 ア
14 イ
15 イ
16 ア

**2** P.123

1 ア
2 イ
3 イ
4 イ
5 イ
6 ア
7 ア
8 ア
9 ア
10 イ
11 イ
12 ア
13 ア
14 イ

## 練習1

**1** P.124・125

1 エ
2 オ
3 オ
4 ウ
5 ア
6 ア
7 ウ
8 ア
9 オ
10 イ
11 ア
12 エ
13 ア
14 イ
15 オ
16 ウ
17 ウ
18 ウ
19 エ
20 ウ
21 イ
22 ウ
23 オ
24 ウ
25 エ
26 ウ
27 ウ
28 イ
29 ウ
30 エ
31 イ
32 オ
33 オ
34 ア
35 イ

## 練習2 P.126・127

**1** P.126〜129
1 オ　2 イ　3 ア　4 オ　5 エ　6 ウ　7 イ　8 ウ　9 エ　10 エ　11 イ　12 エ　13 エ　14 ウ　15 ア　16 イ　17 ア　18 イ　19 イ　20 オ　21 エ
22 ウ　23 イ　24 オ　25 エ　26 イ　27 イ　28 オ　29 ウ　30 エ　31 ウ　32 ア　33 エ　34 ウ　35 ウ　36 ア　37 ア　38 エ　39 ウ　40 エ　41 エ　42 ア

### スキルアップ 練習2 ①

**4〜6** 目的のものを得ようと追い求めることを意味するのは「追求」。深く調べて解き明かそうとすることを意味するのは「追究」。追い詰めることを意味するのは「追及」。

**9** 「感冒」は、かぜのこと。

**14** 「寒心」は、恐ろしさのためにぞっとすること。「寒心に堪えない」の形で使う。

**15** 「歓心」は、喜ぶ心のこと。「歓心を買う」で、気に入られようと、人のきげんをとること。

**18** 「威光」は、人が自然におそれ敬い、従うような力のこと。

**35** 「唐突」は、突然で、前後のつながりのない様子。「唐」は、もとはおおげさな言葉という意味を持つ漢字。

**41** 国会を開くために国会議員を呼び集める場合は「招集」ではなく「召集」。

## 2 P.128
1 ウ　2 ア　3 エ　4 エ　5 ア　6 イ　7 オ　8 イ　9 エ　10 イ　11 エ
12 ア　13 ウ　14 オ　15 ア　16 ウ　17 オ　18 イ　19 オ　20 ア　21 エ

### スキルアップ 練習2 ②

**4** 「採血」という熟語があることを思い出すとよい。

**5** 「執筆」という熟語があることを思い出すとよい。

**7** 「片腕」は、最も信頼でき、助けとなってくれる人のこともいう。

**9** 「肩入れ」は、ひいきにして力を貸すこと。

## 3 P.129
1 偉　2 為　3 新調　4 深長　5 慎重　6 固辞　7 誇示　8 考証　9 口承　10 意向　11 移行　12 以降
13 初　14 染　15 刈　16 駆　17 狩　18 触　19 振　20 冒　21 侵　22 吹　23 噴

### スキルアップ 練習2 ③

**3** 「新調」は、衣服などを新しく作ること。

**8** 「考証」は、文書などを調べ、それをもとに昔のことを明らかにすること。

**16** 「駆る」は、走らせるという意味。

# 書き取り
▼本誌 P.132～147

## ウォーミングアップ P.132～133

**1** P.132
1 綿・綿棒
2 防・防衛
3 在・存在
4 織・組織
5 余・余波
6 限・期限
7 幹・根幹
8 唱・提唱
9 置・設置

**2** P.133
1 鉛
2 液
3 汗
4 幅
5 鈍
6 詰
7 腰
8 署
9 門
10 我
11 菜
12 欄 — 13 絹　14 減　15 訪　16 閣　17 召　18 腕　19 鋼　20 沿　21 匹　22 雄　23 欄

## 練習1 P.134～139

**1** P.134・135
1 洗剤　2 宇宙　3 僧　4 安眠　5 歓迎　6 乾燥　7 度胸　8 距離　9 尊厳　10 苦悩　11 玄米　12 危険　13 補修　14 姓名　15 通訳　16 地味　17 監視　18 印刷　19 熱烈　20 建築　21 印刷　22 優秀　23 疑惑　24 導入
25 歌謡　26 噴煙　27 駆除　28 豊富　29 珍味　30 自称　31 休暇　32 雑誌　33 販売　34 遊戯　35 推測　36 浸透　37 合致　38 宣伝　39 温暖　40 婚礼　41 論旨　42 執筆　43 渡航　44 貿易　45 瞬間　46 敏腕　47 粒子

**2** P.136・137
1 殿様　2 響　3 壱　4 押　5 設　6 陰干　7 節目　8 剣　9 更　10 沼　11 人影　12 娘　13 割　14 幾重　15 届　16 濃　17 雌　18 厳　19 潮時　20 支　21 蚕　22 情　23 俵　24 迷
25 煮物　26 足踏　27 針　28 沢　29 射　30 導　31 抱　32 招　33 源　34 除　35 摘　36 峰　37 木綿　38 奥底　39 霧　40 暦　41 吐　42 似　43 従　44 寝坊　45 傷　46 胸騒　47 舟・船

**3** P.138・139
1 管制塔　2 雷　3 呼吸　4 円陣　5 経緯　6 脂肪　7 貧　8 弐　9 浜辺　10 舗装　11 省　12 全般　13 張　14 猛威　15 好感　16 賦与　17 普通　18 繰　19 背丈　20 端麗　21 井戸　22 憶測　23 白髪　24 感涙
25 盆踊　26 奮　27 砂丘　28 樹立　29 到達　30 驚嘆　31 香典　32 飼　33 裏付　34 恐怖　35 輩出　36 録音　37 満杯　38 景色　39 脚色　40 由来　41 忙殺　42 追跡　43 預金　44 遅延　45 任　46 尽力　47 尾翼

## 練習2 P.140〜147

### 1 P.140・141

1 比較
2 穀物
3 引率
4 帽子
5 金網
6 操作
7 混雑
8 根拠
9 凡人
10 圧縮
11 額縁
12 寸断
13 皆勤
14 朱肉
15 流儀
16 河川
17 優雅
18 唐草
19 輸送
20 最適
21 不況
22 朗読
23 開拓
24 罰則
25 色彩
26 預
27 土産
28 吸
29 皮膚
30 用途
31 営
32 屈指
33 指紋
34 芝生
35 花園
36 目覚
37 惨状
38 投稿
39 胸元
40 築
41 慎重
42 突拍子
43 歳暮
44 紹介
45 公
46 練
47 採掘
48 宿泊
49 怒号
50 柄

#### スキルアップ 練習2 ①

3 「率」を同音類字の「卒」としないように注意。

15 「流儀」の「儀」を「義」「議」としないように注意。

16 「河川敷」は、河岸の敷地のことで、河道と堤防を合わせた区域を指す。

18 「唐草模様」は、つる草がからみ合う様子を描いた曲線やうず巻きによる柄。

20 「朗」を同音類字の「郎」としないように注意。

43 「歳」を「せい」と読む熟語は「歳暮」のみ。

44 「紹介」の同音異義語には「照会」があるが、文脈から判断しよう。

49 「怒号」は、怒って大声でどなることやその声。

### 2 P.142・143

1 訪問
2 弁舌
3 征服
4 早速
5 元凶
6 奴隷
7 援護
8 郷里
9 制御
10 災害
11 加盟
12 化身
13 樹齢
14 貯蔵
15 羽毛
16 軒並
17 砂糖
18 鼓動
19 出荷
20 巨額
21 映像
22 綿菓子
23 展示
24 微風
25 彼岸
26 堤防
27 刻
28 時雨
29 跳躍
30 黄金
31 困
32 群
33 座
34 名誉
35 敬
36 器
37 経
38 基
39 侵害
40 柔和
41 率
42 勝
43 稲妻
44 沈黙
45 恩恵
46 抵抗
47 耐寒
48 冒頭
49 配慮
50 編

#### スキルアップ 練習2 ②

1 「訪問」の「問」を「門」としないように注意。

2 「弁舌」は、話しぶりのこと。

18 「鼓動」は、心臓の音。また、気持ちなどが動き出すこと。

26 「堤」を同音類字の「提」としないように注意。

28 「せみ時雨」は、多くのセミが鳴くさまを時雨にたとえた語。

39 「侵」を同音類字の「浸」としないように注意。

43 「稲妻」を構成する漢字「妻」は「つま」と読むが、内閣告示の「現代仮名遣い」にて「いずま」の読みを本則としているが、熟語「稲妻」になった時は「いずま」も許容されている。なお「いなづま」も許容されている。

46 「抵」を同音類字の「低」としないように注意。

## 練習2

### ③ P.144・145

1 難関　2 過密　3 発揮　4 胴上　5 図鑑　6 最寄　7 警戒　8 欲　9 務　10 矛盾　11 注釈　12 故障　13 派遣　14 保留　15 兼務　16 砲撃　17 繁栄　18 一切　19 箇条書　20 上旬　21 戦　22 爆弾　23 隣　24 祈念　25 項目　26 祝杯　27 潔白　28 演奏　29 獲得　30 興奮　31 改革　32 傾斜　33 搬入　34 暮　35 配　36 補　37 腐敗　38 継承　39 片言　40 検討　41 批評　42 曇天　43 巡視　44 返却　45 探　46 医療　47 芋　48 優　49 若人　50

### スキルアップ 練習2 ③

3 「揮」を同音類字の「輝」としないように注意。

8 ある役目をするという意味の場合は「務める」。

10 「矛盾」は、つじつまが合わないこと。中国の故事からできた言葉。

28 「潔白」は、後ろめたいことがない様子。

37 「補う」は、送りがなにも気をつけて覚えたい。

41 「片言」は、わずかな言葉、ひとこと、という意味。

44 「巡視」は、見回ること。

### ④ P.146・147

1 逆行　2 素顔　3 沖　4 屋敷　5 肩書　6 容易　7 見舞　8 砂利　9 荒立　10 鎖　11 紫色　12 手堅　13 迷路　14 趣　15 獣道　16 振替　17 境内　18 簡便　19 薪　20 目頭　21 身柄　22 扇　23 滴　24 桃　25 峠　26 薄　27 車窓　28 疲労　29 費用　30 溶岩　31 磁石　32 収集　33 大粒　34 行方　35 巻　36 支払　37 眼鏡　38 依頼　39 汚染　40 漁獲　41 気遣　42 脂　43 匹敵　44 除去　45 声色　46 盛　47 頂　48 幅員　49 連絡網　50 繁茂

### スキルアップ 練習2 ④

12 「手堅い」の「堅い」を「固い」としないように注意。

18 「簡便」は、簡単で便利な様子。

22 「扇」は「羽」のように開いたり閉じたりする「戸」ときた漢字。

25 「峠」は国字。峠が山の「上」と「下」りの境であることからできた字。

40 「漁獲量」の「漁」を「魚」としないように注意。

42 固体のあぶらは「脂」を使用。

43 「匹」は「対等なこと」、「敵」は「つり合う・かなう」の字義があるため「匹敵」で「同じような力量」を意味する。

48 「幅員」は、はばのこと。

50 「繁茂」は、植物が生い茂ること。

# 書き取り・誤字訂正
▼本誌P.148〜157

## ウォーミングアップ P.148〜149

**① P.148**
1 ア／2 ア／3 ア／4 イ／5 ア／6 イ

**② P.149**
1 構・講／2 障・傷／3 解・開／4 新・親／5 積・績／6 改・会／7 福・復／8 起・揮／9 偉・遺／10 共・供
11 優・易／12 特・得／13 短・単／14 字・辞／15 順・準／16 志・思／17 情・常／18 重・長／19 句・口／20 明・空

## 練習1 P.150〜153

**① P.150・151**
1 気・起／2 感・関／3 霧・夢／4 置・知／5 贈・送／6 健・建／7 殿・伝／8 却・脚／9 期・機／10 示・支／11 消・焼／12 帰・返／13 進・勧／14 遠・延／15 刺・指／16 訪・尋／17 宝・豊／18 行・向／19 定・程／20 統・投／21 同・堂／22 魚・漁／23 航・港／24 震・奮／25 介・界

26 与・余／27 否・非／28 取・採／29 修・就／30 紹・招／31 来・創／32 性・正／33 及・屈／34 掘・久／35 鑑・看／36 極・局／37 万・満／38 前・然／39 計・図／40 世・成／41 検・験／42 要・応／43 往・用／44 元・限／45 行・効

**② P.152・153**
1 波・派／2 向・行／3 継・次／4 脂・油／5 希・期／6 照・象／7 格・拡／8 走・好／9 交・誤／10 謝・深／11 震・雌／12 真・突／13 坊・心／14 芽・英／15 良・棒／16 的・適／17 鋭・付／18 管・関／19 停・低／20 議・義／21 殖・増／22 所・処／23 環・慣／24 票・標／25 ？

26 植・殖／27 跳・頂／28 形・型／29 署・暑／30 進・振／31 耐・備／32 供・絶／33 反・判／34 条・定／35 画・確／36 紙・糸／37 押・差／38 徴・推／39 面・調／40 化・加／41 団・談／42 勧・進／43 状・情／44 漫・慢／45 攻・抗

# 練習2 P.154～157

## 1 P.154・155

1 通痛
2 戦・選
3 場・状
4 遅・後
5 要・容
6 途・徒
7 偉・異
8 乾・簡
9 使・飼
10 導・道
11 最・細
12 鑑・観
13 堂・同
14 仕・始
15 接・切
16 余・予
17 自・持
18 塩・潮
19 少・小
20 様・用
21 補・捕
22 週・周
23 大・太
24 継・経
25 腹・服
26 欄・覧
27 井・居（威）
28 堤・提
29 載・乗
30 雄・勇
31 息・測
32 歓・寒
33 協・共
34 世・生
35 管・官
36 規・機
37 歴・暦
38 接・節
39 経・径
40 層・相
41 即・速
42 添・沿
43 待・対
44 踊・躍
45 尺・釈

### スキルアップ 練習2-1

4 「気後れする」は、自信がなく、相手を恐れてしりごみすること。

12 動植物を見て、楽しみ味わうのは「観賞」。芸術作品を見たりきいたりして味わうのは「鑑賞」。

17 「持論」は、常に持っている自分のものにすること。

25 「着服」は、こっそり盗んで自分のものにすること。

27 「居丈高」は、人に威圧的な態度をとるさま。「威丈高」とも書く。

32 「寒心」は、ぞっとすること。「かんしん」の同音異義語は多いので、文脈から正しい語を読み解こう。

39 「雄図」は、勇ましく大きな計画のこと。「雄途」は、雄々しく勇ましい出発のこと。ここでは文の意味から「雄図」。

45 喜びや期待による心の動きには「躍る」を使う。

## 2 P.156・157

1 特・得
2 振・信
3 心・真
4 感・観
5 勢・積
6 性・勢
7 添・展
8 詩・詞
9 試・呼
10 詩・詞
11 体・態
12 脳・能
13 隣・臨
14 気・記
15 低・程
16 操・装
17 決・欠
18 簡・巻
19 成・鳴
20 偉・威
21 納・治
22 鮮・洗
23 忙・防
24 善・全
25 帰・期
26 勢・盛
27 行・航
28 士・志
29 幸・孝
30 諸・処
31 間・刊
32 主・首
33 倒・到
34 使・仕
35 激・劇

### スキルアップ 練習2-2

4 「観」は、ものの見方・考え方の意味を持つ。

8 「歓呼」は、喜びに声をあげること。

11 「実態」は、ありのままの様子・状態の意。「実体」は、本体や正体の意。

27 「難航」は困難な航行だけでなく、障害で物事がはかどらない時にも使う。

28 「有志」は、ともに何かを行おうとする気持ち。多くの場合、その人々を指す。

33 「倒」と「到」は同音類字なので、熟語単位で正しく覚えたい。

# 実力完成問題 第1回

▼本誌P158〜163

## 一
1 ばくはつ
2 きゃくちゅう
3 しゅし
4 のうど
5 ちんか
6 ぼうとう
7 ゆうえつ
8 さくい
9 おだく
10 そっせん
11 きゅうみん
12 もくどく
13 そくおう
14 えいよ
15 きよ
16 こうせい
17 こうしん
18 けんじ
19 ふしょく
20 かげ
21 あわゆき
22 のきさき
23 しきふ
24 なな
25 みお
26 こしぬ
27 なまりいろ
28 く
29 いく
30 かた

## 二
1 ア
2 オ
3 ウ
4 ア
5 イ
6 ア
7 イ
8 ア
9 エ
10 オ
11 エ
12 ウ
13 オ
14 オ
15 イ

## 三
1 ア
2 ア
3 エ
4 イ
5 ウ
6 イ
7 ア
8 エ
9 ウ
10 ウ

## 四
1 イ
2 エ
3 ア
4 エ
5 ウ
6 オ
7 ア
8 エ
9 ウ
10 イ

## 五
1 コ
2 ケ
3 オ
4 イ
5 エ

## 六
1 沈
2 傍
3 垂
4 舞
5 離
6 胸
7 刺
8 襲
9 憶
10 丈

## 七
1 兼
2 戒
3 支
4 独
5 難
6 論
7 志
8 生
9 災
10 漫

## 八
1 担・探
2 集・収
3 制・整
4 視・指
5 総・騒

## 九
1 延びる
2 照らす
3 扱う
4 後ろめたい
5 甘やかさ

## 十
1 簡潔
2 抵当
3 墓穴
4 養殖
5 慢性
6 海浜
7 唐突
8 署名
9 影響
10 複雑
11 連
12 裏切
13 薄
14 尋
15 遅咲
16 頼
17 報
18 縮
19 確
20 筋金

## 実力完成問題 第2回
▼本誌P164〜169

### 一
1 はんも
2 おんけい
3 えんこ
4 たいよう
5 がしゅ
6 じゅし
7 こぶ
8 こうたい
9 とうちゃく
10 さんじ
11 いぎ
12 てんぷ
13 けんむ
14 かいご
15 けいせき
16 げいごう
17 しょうさん
18 じょばん
19 うつわ
20 ほこさき
21 うかが
22 はやわざ
23 しわざ
24 にぶ
25 こめつぶ
26 つつみ
27 こ
28 しずく
29 むすめ
30 

### 二
1 エ　2 オ　3 ア　4 ウ　5 ア　6 イ　7 エ　8 エ　9 オ
10 イ　11 ア　12 オ　13 エ　14 ウ　15 イ

### 三
1 ア　2 ウ　3 ウ　4 ウ　5 エ
6 エ　7 ア　8 イ　9 イ　10 イ

### 四
1 ウ　2 イ　3 ア　4 ア　5 エ
6 ウ　7 エ　8 イ　9 ア　10 オ

### 五
1 ケ　2 ア　3 ク　4 カ　5 エ

### 六
1 簡　2 致　3 難　4 理　5 却　6 承　7 淡　8 警　9 善　10 値

### 七
1 吐　2 迷　3 奮　4 堅　5 議　6 秋　7 断　8 刻　9 名　10 是

### 八
1 健・堅　2 番・盤　3 有・雄　4 行・向　5 心・信

### 九
1 絶やさ　2 敬う　3 輝かしい　4 腐らす　5 豊かな

### 十
1 目撃　2 維持　3 模写　4 授与　5 招待　6 捕獲　7 臨時　8 印鑑　9 連峰　10 祝福　11 執　12 燃　13 巡　14 震　15 喜　16 蚕　17 奥歯　18 盛　19 稲刈　20 継

# ふろく

## ■都道府県名

都道府県名には「常用漢字表」で特別な読み方をする漢字が含まれています。

| 16 | 15 | 14 | 13 | 12 | 11 | 10 | 9 | 8 | 7 | 6 | 5 | 4 | 3 | 2 | 1 |
|---|---|---|---|---|---|---|---|---|---|---|---|---|---|---|---|
| 富山県<br>とやま | 新潟県<br>にいがた | 神奈川県<br>かながわ | 東京都<br>とうきょう | 千葉県<br>ちば | 埼玉県<br>さいたま | 群馬県<br>ぐんま | 栃木県<br>とちぎ | 茨城県<br>いばらき | 福島県<br>ふくしま | 山形県<br>やまがた | 秋田県<br>あきた | 宮城県<br>みやぎ | 岩手県<br>いわて | 青森県<br>あおもり | 北海道<br>ほっかいどう |

| 32 | 31 | 30 | 29 | 28 | 27 | 26 | 25 | 24 | 23 | 22 | 21 | 20 | 19 | 18 | 17 |
|---|---|---|---|---|---|---|---|---|---|---|---|---|---|---|---|
| 島根県<br>しまね | 鳥取県<br>とっとり | 和歌山県<br>わかやま | 奈良県<br>なら | 兵庫県<br>ひょうご | 大阪府<br>おおさか | 京都府<br>きょうと | 滋賀県<br>しが | 三重県<br>みえ | 愛知県<br>あいち | 静岡県<br>しずおか | 岐阜県<br>ぎふ | 長野県<br>ながの | 山梨県<br>やまなし | 福井県<br>ふくい | 石川県<br>いしかわ |

| 47 | 46 | 45 | 44 | 43 | 42 | 41 | 40 | 39 | 38 | 37 | 36 | 35 | 34 | 33 |
|---|---|---|---|---|---|---|---|---|---|---|---|---|---|---|
| 沖縄県<br>おきなわ | 鹿児島県<br>かごしま | 宮崎県<br>みやざき | 大分県<br>おおいた | 熊本県<br>くまもと | 長崎県<br>ながさき | 佐賀県<br>さが | 福岡県<br>ふくおか | 高知県<br>こうち | 愛媛県<br>えひめ | 香川県<br>かがわ | 徳島県<br>とくしま | 山口県<br>やまぐち | 広島県<br>ひろしま | 岡山県<br>おかやま |

# 漢検 分野別問題集 改訂二版

**別冊** 標準解答

## 4級

「標準解答」は別冊になっています。本体から取り外してお使い下さい。

漢検

# 漢字の読み　音読み
▼本誌P.10～19

## ウォーミングアップ　P.10～11

### 1 P.10
1. 導・胴（順不同）
2. 努・奴（順不同）
3. 針・薪（順不同）
4. 輝・貴（順不同）
5. 旬・春（順不同）

### 2
1. ボウ　帽・亡・暴（順不同）
2. ヨク　欲・翌（順不同）
3. フ　負・父・富（順不同）
4. トウ　糖・討（順不同）
5. ショウ　象・称（順不同）

### 3 P.11
1. けいけん
2. きょう
3. こせい
4. きしょう
5. ゆうり
6. うちょうてん
7. きぼう
8. ほんもう
9. ごはん
10. ぼうぎょ
11. ばち
12. じゅつ
13. にゅうわ
14. せんきょ
15. しょうこ
16. しょうこ
17. しゅうねん
18. しっとう

## 練習1　P.12～15

### 1 P.12・13
1. こくもつ
2. きょうちゅう
3. とうさい
4. ひひょう
5. うちゅう
6. がくそう
7. まく
8. とうらい
9. じゅうおう
10. ごてん
11. じもく・ぼく
12. しまい
13. そっちょく
14. けっきょ
15. こうしょう
16. こうこう
17. こうしゅう
18. こうよう
19. せいだい
20. せいえん
21. げんかん
22. らんかん
23. ぼう
24. みんぞく
25. かしょ
26. こくそ
27. だくりゅう
28. きょだい
29. だげき
30. くし
31. れんあい
32. たいきけん
33. えっとう
34. ちぶ
35. そうしょく
36. こちょう
37. けんじつ
38. しんろう
39. かいほう
40. そうぜん
41. たいこ
42. きょうふ
43. こうれい
44. えいい
45. たんせい
46. れっせい

### 2 P.14・15
1. れんらく
2. えんせい
3. ひろう
4. たいこう
5. おめい
6. はくとう
7. さきゅう
8. きゃっこう
9. とうし
10. こうすい
11. せんこう
12. かんし
13. とうぼう
14. かんそう
15. ぎょうぎ
16. じこう
17. しょうじん
18. のむ
19. いさい
20. えんぴつ
21. せんぷうき
22. へんこう
23. ごうか
24. せいか
25. しがいせん
26. れいじゅう
27. やくざい
28. かくとく
29. しょうしゅう
30. まんぜん
31. えんぎ
32. たいきゅう
33. えんじん
34. しんけん
35. げんこう
36. ないじゅ
37. きおく
38. しゅう
39. しんこう
40. きじょう
41. けっかい
42. かんげい
43. じょうご
44. ゆし
45. ばくおん
46. きはん

## 練習2　P.16～19

### 1 P.16・17
1. めいわく
2. えんらい
3. きょうい
4. あんもく
5. はくしゃ
6. かんさ
7. こうれい
8. ひなん
9. ふくしょく
10. ひってき
11. しゅび
12. いそん・いぞん
13. ふだん
14. きばん
15. ぶよう
16. かんぷ
17. てんがい
18. ぼうし
19. じんもん
20. ほんしゅつ
21. はんしゅつ
22. きさい
23. ひがい
24. すいそう
25. かんしょう
26. たんすい
27. びんかん
28. もうい
29. はろう
30. そっけつ
31. ふしん
32. つうれつ
33. きせき
34. どうよう
35. いんえい
36. びみょう
37. しょうさん
38. ぜひ
39. げんきゅう
40. きしょう
41. こうはい
42. かんたくち
43. かんとくち
44. いよう
45. けいしょう
46. どうせい
47. かんたん
48. こうたく
49. ちえ
50. せいれき

## 練習2 ① スキルアップ

2 「遠雷」は、遠くて鳴っている雷のこと。
4 「暗黙」は、考えや気持ちを言葉に表さないこと。
10 「匹敵」は、同じ程度であるということ。
16 「完膚」は、傷のない皮膚のこと。転じて、欠点・傷のない部分の意味。「完膚なきまでに」は徹底的に、の意。
17 「典雅」は、きちんと整っていて上品なこと。
22 「鬼才」は、人間とは思えないほど優れた才能のこと。また、その才の持ち主。
29 「販路」は、商品を売りさばく方面のこと。
30 「そくけつ」と読まないように注意。
31 「腐心」は、あれこれ考えて悩むこと。
39 「言及」は、あることにまで話がおよぶこと。
44 「偉容」は、優れて立派な姿。

## 2 P.18・19

1 てんぷ
2 わんぱく
3 しゅみ
4 まんしん
5 たんせい
6 いじ
7 とうとつ
8 しゅ
9 ひかく
10 かんこく
11 ちんちゃく
12 さいげつ
13 しょうちょう
14 きゃっか
15 りゅうい
16 かいしゃく
17 ぎきょう
18 じゅうい
19 よう し
20 ほくい
21 しゅうさい
22 ろぼう
23 しゃめん
24 きょうさく
25 くり
26 きょうき
27 げきど
28 とほう
29 きより
30 ぼうさつ
31 ひさん
32 せん
33 いち
34 ぜっきょう
35 とうなん
36 むじゅん
37 むてっぽう
38 じょうきょう
39 りょうよう
40 じゅんかん
41 に
42 こんやく
43 てんぽ
44 いっしゅん
45 はもん
46 さ
47 へいぼん
48 ていしょく
49 れいく
50 しょはん

## 練習2 ② スキルアップ

1 「天賦」は、天から与えられたものこと。
2 「腕白」は、子どもがいたずらで手に負えないこと。そういう子ども。
4 「慢心」は、おごりたかぶる心。
5 「端整」は、顔立ちや容姿が整って美しいこと。
7 「唐突」は、不意で思いもよらないさま。
8 「朱を入れる」は、文章のまちがいを正しく直すこと。
11 「沈着」は、底などに残り付着すること。また、物事に動じないで落ち着いた態度のこと。
12 「としつき」ではない。常用漢字表には「歳」に「とし」の読みはない。
17 「戯曲」とは演劇の脚本・台本のこと。
25 「苦慮」は、あれこれと心の中で考えて悩むこと。
30 「忙殺」は、非常に忙しいこと。
33 「苦杯」とは苦い酒の入った杯のことで、「苦杯をなめる」で苦い経験・つらい経験をするという意味になる。
40 「旬刊」は、十日ごとに新聞・雑誌などを刊行すること。または、そのような刊行物のこと。
48 「抵触」は、法律や規則で禁じられていることに触れること。
50 ここでの「旬」の読みは「しゅん」でなく「じゅん」なので注意。「諸般」は、いろいろ、ということ。

# 漢字の読み　訓読み

▼本誌 P.20〜27

## ウォーミングアップ P.20〜21

**1** P.20
1 さくら
2 うめ
3 つるぎ
4 くら
5 みき

**2**
1 いも
2 おに
3 もも
4 こよみ
5 つばさ
6 たきぎ
7 たて
8 たまご
9 わた
10 しお
11 むらさき
12 かみなり

6 かいこ
7 のがれ
8 くさり
9 なまり
10 おもむき
（続き上記）

**3** P.21
1 かろ
2 かる
3 わり
4 おとず
5 たず
6 し
7 と
8 うし
9 おく
10 きた
11 あや
12 き
13 あや
14 あぶ
15 ゆか
16 とこ
17 のが
18 に
19 よご
20 きたな
21 せま
22 せば

## 練習1 P.22〜23

**1**
1 そ
2 ちぢ
3 いただき
4 とうと・たっと
5 うつ
6 さず
7 す
8 はら
9 うやま
10 く
11 こいぶみ
12 おおやけ
13 い
14 あやま
15 まさ
16 はか
17 みそ
18 わざ
19 なぞの
20 おごそ
21 わざ
22 かどで
23 ため
24 ふ
25 むく
26 ち
27 さか
28 かわ
29 た
30 しず
31 はし
32 にご
33 く
34 はず
35 くれない
36 こ
37 なな
38 あわ
39 か
40 かざ
41 わざ
42 か
43 おおさわ
44 あつか
45 うった
46 あま

## 練習2 P.24〜27

**1** P.24・25
1 か
2 ほこさき
3 う
4 くる
5 ふ
6 さかずき
7 おそ
8 おか
9 いわむろ
10 くさ
11 のきした
12 こわ
13 はじ
14 つぶ
15 いそが
16 あぶら
17 いか
18 つぶ
19 さ
20 かた
21 し
22 め
23 からくさ
24 おどろ
25 す
26 にご
27 こ
28 ふ
29 うかが
30 おそ
31 あお
32 あお
33 つか
34 めばな
35 まど
36 か
37 けものみち
38 せ
39 こ
40 めぐ
41 たたか
42 さら
43 よつゆ
44 ぬす
45 かた
46 ほこ
47 むか
48 か
49 つ
50 と

## 練習2 ①スキルアップ

- 2「矛」の訓は「ほこ」。「矛先」は、議論や非難の目標・勢いの意味で使われる。
- 6「杯」の訓は「さかずき」。
- 15「脂」は、動物の脂肪のこと。「油」との使い分けに注意。
- 17「怒」には「いかーる」「おこーる」の訓がある。文脈から読みとると「おこーり」とはいわない。
- 28「盾に取る」は、あることを自分の立場を守る手段とすること。
- 34「雌花」を、「めすばな」と読まないように注意。
- 37「獣道」は、獣の往来によって、いつの間にかできた山の中の道のこと。
- 43「夜露」は、夜の間に降りた露のこと。

## ❷ P.26・27

1 にひき
2 かがや
3 かみ
4 えら
5 あしこし
6 す
7 こわ
8 ぬまち
9 おど
10 たくわ
11 きり
12 あとかた
13 あた
14 おき
15 せたけ
16 すると
17 むすめ
18 いど
19 えもの
20 たたみ
21 つ
22 ね
23 かげ
24 うらな
25 こかげ
26 こうむ
27 すす
28 うで
29 かわ
30 だま
31 いくひさ
32 とうげ
33 つか
34 おと
35 つ
36 あし
37 はら
38 なげ
39 か
40 さ
41 あみ
42 ふち
43 さわ
44 え
45 およ
46 お
47 お
48 しば
49 おくゆ
50 ふね

## 練習2 ②スキルアップ

- 12「跡形」は、以前そこに何かがあったことを示すしるしのこと。
- 19「獲物」は、「獲」「物」とも訓読みをする熟語。
- 25「木」を「き」と読まないように注意。「木立」「木の葉」に、「木陰」の場合も「こ」と読む。
- 26「被る」は、災難などを自分の身に受けること。また、恵みなどをいただく、許しや意味もある。
- 31「幾久しく」は、いつまでも、という意味。
- 44「柄」には、「がら」と「え」という訓がある。手で持てるように器具につけた細長い部分のことを「柄」といい、「ひしゃくの柄」などと使う。
- 49「奥行き」は、表から奥までの長さの意味のほかに、比喩的に人柄や知識、考えの奥深さの意味で用いることもある。

## 漢字の読み 特別な読み

▼本誌 P.28～31

### ウォーミングアップ P.28

**❶**
1 きょう・こんにち
2 きのう・さくじつ
3 あす・みょうにち
4 ことし・こんねん
5 めがね・がんきょう
6 はかせ・はくし
7 もみじ・こうよう
8 しらが・はくはつ
9 つゆ・ばいう
10 みやげ・どさん（どさん）
（いずれも順不同）

**❷**
1 いっさい
2 たいせつ
3 さっそく
4 そうちょう
5 けいだい
6 しんきょう
7 したく
8 たびがさ
9 ぶしょう
10 せいしん
11 こわだか
12 うたごえ

## 練習1　P.29

**1**
1 てつだ
2 かわら
3 けしき
4 むら
5 しみず・きよみず
6 きょうだい
7 るす
8 さらいねん
9 さんだい
10 だいず
11 やおや
12 はつか
13 まいご
14 くとうてん
15 ゆきがっせん
16 あま
17 しにせ・ろうほ
18 くだもの
19 なごり
20 もよ

## 練習2　P.30〜31

**1**
1 もめん
2 かな
3 ふぶき
4 つか
5 はたち
6 たち
7 さみだれ
8 ゆくえ
9 ひょうし
10 ぼつ
11 しんこう
12 さつき
13 じゃり
14 いくじ
15 の
16 しない
17 うなばら
18 ここち
19 てんじょう
20 いなか
21 でし
22 きそう・きぞう
23 かわせ
24 はとば
25 こがね
26 せいぼ
27 むすこ
28 しゃみせん
29 におう
30 あずき
31 しぐれ
32 ひよりみ
33 うわ
34 いなさく
35 さかも
36 わこうど
37 うば
38 やまと
39 かのじょ
40 ふなうた
41 しんく
42 くふう
43 しばふ
44 まわ
45 まじめ

### スキルアップ 練習2 1

4 「差し支える」は、何かをするのにさまたげになるということ。

6 「太刀打ち」は、太刀で切り合うことの意味から、張り合って競争すること。

9 「拍子抜け」は、待ち構えていたのに、その必要がなくなってがっかりすること。

14 「意気地」は、「いきじ」が転じたものだが、今は「いきじなし」とはいわない。

15 「立ち退く」は、今いる場所、住んでいる所からほかの場所に移ること。

31 「時雨」は、秋の終わりから冬の初めごろに降る、降ったりやんだりする小雨。

32 「日和見」は、天気の様子を見るという意味から、なりゆきをうかがって、自分の態度をはっきりさせないことをいう。

40 「舟歌」は、船頭や水夫などが船をこぎながら歌う歌のこと。

## 漢字の読み　同字の音訓
▼本誌 P.32〜41

### ウォーミングアップ　P.32〜33

**1**　P.32
1 (音)フン　(訓)ふる・う
2 (音)シ　(訓)すがた
3 (音)スイ　(訓)お・す
4 (音)ハイ　(訓)そむ・く
5 (音)ダン　(訓)たま
6 (音)トウ　(訓)いね

**2**
1 おおごと
2 だいじ
3 ひとめ
4 いちもく
5 ぶんべつ
6 ふんべつ
7 いちじ
8 ひととき
9 いっとき
10 しもて
11 しもて
12 したて

# 興味の尽きることのない漢字学習

漢字文化圏の人々だけではなく、世界中に日本語研究をしている人が数多くいます。

漢字かなまじり文は、独特の形を持ちながら伝統ある日本文化を支え、伝達と文化発展の基礎となってきました。

その根幹は漢字。

一字一字を調べていくと、その奥深さに心打たれ、興味がわいてきます。

漢字は、生涯かけての勉強の相手となるのではないでしょうか。

## 「漢検」級別 主な出題内容

**10級** …対象漢字数 80字
漢字の読み／漢字の書取／筆順・画数

**9級** …対象漢字数 240字
漢字の読み／漢字の書取／筆順・画数

**8級** …対象漢字数 440字
漢字の読み／漢字の書取／部首・部首名／筆順・画数／送り仮名／対義語／同じ漢字の読み

**7級** …対象漢字数 640字
漢字の読み／漢字の書取／部首・部首名／筆順・画数／送り仮名／対義語／同音異字／三字熟語

**6級** …対象漢字数 825字
漢字の読み／漢字の書取／部首・部首名／筆順・画数／送り仮名／対義語・類義語／同音・同訓異字／三字熟語／熟語の構成

**5級** …対象漢字数 1006字
漢字の読み／漢字の書取／部首・部首名／筆順・画数／送り仮名／対義語・類義語／同音・同訓異字／誤字訂正／四字熟語／熟語の構成

**4級** …対象漢字数 1322字
漢字の読み／漢字の書取／部首・部首名／送り仮名／対義語・類義語／同音・同訓異字／誤字訂正／四字熟語／熟語の構成

**3級** …対象漢字数 1607字
漢字の読み／漢字の書取／部首・部首名／送り仮名／対義語・類義語／同音・同訓異字／誤字訂正／四字熟語／熟語の構成

**準2級** …対象漢字数 1940字
漢字の読み／漢字の書取／部首・部首名／送り仮名／対義語・類義語／同音・同訓異字／誤字訂正／四字熟語／熟語の構成

**2級** …対象漢字数 2136字
漢字の読み／漢字の書取／部首・部首名／送り仮名／対義語・類義語／同音・同訓異字／誤字訂正／四字熟語／熟語の構成

**準1級** …対象漢字数 約3000字
漢字の読み／漢字の書取／故事・諺／対義語・類義語／同音・同訓異字／誤字訂正／四字熟語

**1級** …対象漢字数 約6000字
漢字の読み／漢字の書取／故事・諺／対義語・類義語／同音・同訓異字／誤字訂正／四字熟語

※ここに示したのは出題分野の一例です。毎回すべての分野から出題されるとは限りません。また、このほかの分野から出題されることもあります。

## 日本漢字能力検定採点基準 (平成24年4月より適用)

**1 採点の対象**
筆画を正しく、明確に書かれた字を採点の対象とし、くずした字や、乱雑に書かれた字は採点の対象外とする。

**2 字種・字体**
① 2〜10級の解答は、内閣告示「常用漢字表」(平成二十二年)による。ただし、旧字体での解答は正答とは認めない。
② 1級および準1級の解答は、『漢検要覧 1/準1級対応』(財団法人日本漢字能力検定協会発行)に示す「標準字体」「許容字体」「旧字体一覧表」による。

**3 読み**
① 2〜10級の解答は、内閣告示「常用漢字表」(平成二十二年)による。
② 1級および準1級の解答には、①の規定は適用しない。

**4 仮名遣い**
仮名遣いは、内閣告示「現代仮名遣い」による。

**5 送り仮名**
送り仮名は、内閣告示「送り仮名の付け方」による。

**6 部首**
部首は、『漢検要覧 2〜10級対応』(財団法人日本漢字能力検定協会発行)収録の「部首一覧表と部首別の常用漢字」による。

**7 筆順**
筆順の原則は、文部省編『筆順指導の手びき』(昭和三十三年)による。常用漢字一字一字の筆順は、『漢検要覧 2〜10級対応』収録の「常用漢字の筆順一覧」による。

**8 合格基準**

| 級 | 満点 | 合格 |
|---|---|---|
| 1級／準1級／2級 | 二〇〇点 | 八〇％程度 |
| 準2級／3級／4級／5級／6級／7級 | 二〇〇点 | 七〇％程度 |
| 8級／9級／10級 | 一五〇点 | 八〇％程度 |

※部首、筆順は『漢検 漢字学習ステップ』など財団法人日本漢字能力検定協会発行図書でも参照できます。

# 日本漢字能力検定審査基準

## 10級

**程度** 小学校第1学年の学習漢字を理解し、文や文章の中で使える。

**領域・内容**
《読むことと書くこと》 小学校学年別漢字配当表の第1学年の学習漢字を読み、書くことができる。
《筆順》 点画の長短、接し方や交わり方、筆順および総画数を理解している。

## 9級

**程度** 小学校第2学年までの学習漢字を理解し、文や文章の中で使える。

**領域・内容**
《読むことと書くこと》 小学校学年別漢字配当表の第2学年までの学習漢字を読み、書くことができる。
《筆順》 点画の長短、接し方や交わり方、筆順および総画数を理解している。

## 8級

**程度** 小学校第3学年までの学習漢字を理解し、文や文章の中で使える。

**領域・内容**
《読むことと書くこと》 小学校学年別漢字配当表の第3学年までの学習漢字を読み、書くことができる。
・音読みと訓読みとを理解していること
・送り仮名に注意して正しく書けること（食べる、楽しい、後ろ など）
・対義語の大体を理解していること（勝つ―負ける、重い―軽い など）
・同音異字を理解していること（反対、体育、期待、太陽 など）
《筆順》 筆順、総画数を正しく理解している。
《部首》 主な部首を理解している。

## 7級

**程度** 小学校第4学年までの学習漢字を理解し、文や文章の中で正しく使える。

**領域・内容**
《読むことと書くこと》 小学校学年別漢字配当表の第4学年までの学習漢字を読み、書くことができる。
・音読みと訓読みとを正しく理解していること
・送り仮名に注意して正しく書けること（等しい、短い、流れる など）
・熟語の構成を知っていること
・対義語の大体を理解していること（入学―卒業、得点―失点 など）
・同音異字を理解していること（健康、高校、広告、外交 など）
《筆順》 筆順、総画数を正しく理解している。
《部首》 部首を理解している。

## 6級

**程度**　小学校第5学年までの学習漢字を理解し、文章の中で漢字が果たしている役割を知り、正しく使える。

**領域・内容**

《読むことと書くこと》　小学校学年別漢字配当表の第5学年までの学習漢字を読み、書くことができる。

・音読みと訓読みとを正しく理解していること
・送り仮名や仮名遣いに注意して正しく書けること（告げる、失う　など）
・熟語の構成を知っていること
・対義語、類義語の大体を理解していること（禁止―許可、平等―均等　など）
・同音・同訓異字を正しく理解していること

《筆順》　筆順、総画数を正しく理解している。

《部首》　部首を理解している。

## 5級

**程度**　小学校第6学年までの学習漢字を理解し、文章の中で漢字が果たしている役割に対する知識を身に付け、漢字を文章の中で適切に使える。

**領域・内容**

《読むことと書くこと》　小学校学年別漢字配当表の第6学年までの学習漢字を読み、書くことができる。

・音読みと訓読みとを正しく理解していること
・送り仮名や仮名遣いに注意して正しく書けること
・熟語の構成を知っていること
・対義語、類義語を正しく理解していること
・同音・同訓異字を正しく理解していること

《四字熟語》　四字熟語を正しく理解している（有名無実、郷土芸能　など）。

《筆順》　筆順、総画数を正しく理解している。

《部首》　部首を理解し、識別できる。

## 4級

**程度**　常用漢字のうち約1300字を理解し、文章の中で適切に使える。

**領域・内容**

《読むことと書くこと》　小学校学年別漢字配当表のすべての漢字と、その他の常用漢字約300字の読み書きを習得し、文章の中で適切に使える。

・音読みと訓読みとを正しく理解していること
・送り仮名や仮名遣いに注意して正しく書けること
・熟語の構成を正しく理解していること
・熟字訓、当て字を理解していること（小豆／あずき、土産／みやげ　など）
・対義語、類義語、同音・同訓異字を正しく理解していること

《四字熟語》　四字熟語を理解している。

《部首》　部首を識別し、漢字の構成と意味を理解している。

※常用漢字とは、平成22年11月30日付内閣告示による「常用漢字表」に示された2136字をいう。

## 3級

**程度**　常用漢字のうち約1600字を理解し、文章の中で適切に使える。

**領域・内容**

《読むことと書くこと》　小学校学年別漢字配当表のすべての漢字と、その他の常用漢字約600字の読み書きを習得し、文章の中で適切に使える。

・音読みと訓読みとを正しく理解していること
・送り仮名や仮名遣いに注意して正しく書けること
・熟語の構成を正しく理解していること
・熟字訓、当て字を理解していること（乙女／おとめ、風邪／かぜ　など）
・対義語、類義語、同音・同訓異字を正しく理解していること

《四字熟語》　四字熟語を理解している。

《部首》　部首を識別し、漢字の構成と意味を理解している。

※常用漢字とは、平成22年11月30日付内閣告示による「常用漢字表」に示された2136字をいう。

## 2級

**程度**
すべての常用漢字を理解し、文章の中で適切に使える。

**領域・内容**
《読むことと書くこと》すべての常用漢字の読み書きに習熟し、文章の中で適切に使える。
・音読みと訓読みとを正しく理解していること
・送り仮名や仮名遣いに注意して正しく書けること
・熟語の構成を正しく理解していること
・熟字訓、当て字を理解していること(海女／あま、玄人／くろうと など)
・対義語、類義語、同音・同訓異字などを正しく理解していること

《四字熟語》典拠のある四字熟語を理解している(鶏口牛後、呉越同舟 など)。

《部首》部首を識別し、漢字の構成と意味を理解している。

※常用漢字とは、平成22年11月30日付内閣告示による「常用漢字表」に示された2136字をいう。

## 準2級

**程度**
常用漢字のうち1940字を理解し、文章の中で適切に使える。

**領域・内容**
《読むことと書くこと》1940字の漢字の読み書きを習得し、文章の中で適切に使える。
・音読みと訓読みとを正しく理解していること
・送り仮名や仮名遣いに注意して正しく書けること
・熟語の構成を正しく理解していること
・熟字訓、当て字を理解していること(硫黄／いおう、相撲／すもう など)
・対義語、類義語、同音・同訓異字を正しく理解していること

《四字熟語》典拠のある四字熟語を理解している(驚天動地、孤立無援 など)。

《部首》部首を識別し、漢字の構成と意味を理解している。

※1 常用漢字とは、平成22年11月30日付内閣告示による「常用漢字表」の2136字をいう。
※2 1940字とは、昭和56年10月1日付内閣告示による旧「常用漢字表」の1945字から「勺」「錘」「銑」「脹」「匁」の5字を除いたものを指す。

## 1級

**程度**
常用漢字を含めて、約6000字の漢字の読み書きに慣れ、文章の中で適切に使える。

**領域・内容**
《読むことと書くこと》常用漢字の音・訓を含めて、約6000字の漢字の読み書きに慣れ、文章の中で適切に使える。
・熟語の構成を正しく理解していること
・熟字訓、当て字を理解していること
・対義語、類義語、同音・同訓異字などを正しく理解していること
・国字を理解していること(怺える、毟る など)
・地名・国名などの漢字表記(当て字の一種)を知っていること
・複数の漢字表記について理解していること(鹽―塩、颱風―台風 など)

《四字熟語・故事・諺》典拠のある四字熟語、故事成語・諺を正しく理解している。

《古典的文章》古典的文章の中での漢字・漢語を理解している。

※約6000字の漢字は、JIS第一・第二水準を目安とする。

## 準1級

**程度**
常用漢字を含めて、約3000字の漢字の音・訓を理解し、文章の中で適切に使える。

**領域・内容**
《読むことと書くこと》常用漢字の音・訓を含めて、約3000字の漢字の読み書きに慣れ、文章の中で適切に使える。
・熟字訓、当て字を理解していること
・対義語、類義語、同音・同訓異字などを正しく理解していること
・国字を理解していること(峠、凧、畠 など)
・複数の漢字表記について理解していること(國―国、交叉―交差 など)

《四字熟語・故事・諺》典拠のある四字熟語、故事成語・諺を正しく理解している。

《古典的文章》古典的文章の中での漢字・漢語を理解している。

※約3000字の漢字は、JIS第一水準を目安とする。

# 個人受検の申し込みについて 申し込みから合否の通知まで

## 1 受検級を決める

**受検資格** 制限はありません

**実施級** 1、準1、2、準2、3、4、5、6、7、8、9、10級

**検定会場** 全国主要都市約180か所に設置（実施地区は検定の回ごとに決定）

- 協会、または取扱新聞社などへ申し込む
 願書、検定料（現金）を直接持参、または現金書留で送付する。

### 注意

① 家族・友人と同じ会場での受検を希望する方は、願書を利用する申し込方法をお選びいただき、1つの封筒に同封して送付してください。同封されない場合には、受検会場が異なることがあります。（インターネット、携帯電話、コンビニエンスストアでの申し込みの場合は同一会場の指定はできませんのでご了承ください。）

② 車いすで受検される方や、体の不自由な方はお申し込みの際に協会までご相談ください。

③ 申し込み後の変更・取り消し・返金はできません。また、次回への延期もできませんのでご注意ください。

## 2 検定に申し込む

- **インターネットで申し込む**
 ホームページ http://www.kanken.or.jp/ から申し込む（クレジットカード決済、コンビニ決済等が可能です）。

- **携帯電話で申し込む**
 携帯電話から http://www.kanken.or.jp/ にアクセスし申し込む（コンビニ決済が可能です）。バーコード読取機能付き携帯電話でも簡単にアクセスできます。

- **コンビニエンスストアで申し込む**
 ・ローソン「Loppi」
 ・セブン-イレブン「マルチコピー」
 ・ファミリーマート「Famiポート」
 ・サークルKサンクス「カルワザステーション」
 検定料は各店舗のカウンターで支払う。

- **取扱書店（大学生協含む）を利用する**
 取扱書店（大学生協含む）で検定料を支払い、願書と書店払込証書を郵送する。

## 3 受検票が届く

受検票は検定日の約1週間前に到着するよう協会より郵送します。

※検定日の3日前になっても届かない場合は協会へお問い合わせください。

### お問い合わせ窓口

**電話番号** 0120-509-315（無料）
（海外からはご使用になれません。ホームページよりメールでお問い合わせください。）

**お問い合わせ時間** 月〜金 9時00分〜17時00分
（祝日・年末年始を除く）
※検定日とその前日の土、日は開設
※検定日と申込締切日は9時00分〜18時00分

## 4 検定日当日

**検定時間**

2級 ：：10時00分～11時00分（60分間）
準2級 ：：11時50分～12時50分（60分間）
8・9・10級 ：：11時50分～12時30分（40分間）
1・3・5・7級 ：：13時40分～14時40分（60分間）
準1・4・6級 ：：15時30分～16時30分（60分間）

**持ち物**

受検票、鉛筆（HB、B、シャープペンシルも可）、消しゴム
※ボールペン、万年筆などの使用は認められません。ルーペ持ち込み可。

### 注意

① 会場への車での来場（送迎を含む）は、周辺の迷惑になりますのでご遠慮ください。
② 検定開始15分前までに入場してください。答案用紙の記入方法などを説明します。
③ 携帯電話やゲーム、電子辞書などは、電源を切り、かばんにしまってから入場してください。
④ 検定中は受検票を机の上に置いてください。
⑤ 答案用紙には、あらかじめ名前や受検番号などが印字されています。
⑥ お申し込みされた皆様に、後日、検定問題と標準解答をお送りします。

## 5 合否の通知

検定日の約40日後に、受検者全員に「検定結果通知」を郵送します。合格者には「合格証書」・合格証明書」を同封します。
受検票は検定結果が届くまで大切に保管してください。

### 注 進学・就職に有利！合格者全員に合格証明書発行

大学・短大の推薦入試の提出書類に、また就職の際の履歴書に添付してあなたの漢字能力をアピールしてください。合格者全員に、合格証書と共に合格証明書を2枚、無料でお届けいたします。

合格証明書が追加で必要な場合は次の❶～❹を同封して、協会までお送りください。約1週間後、お手元にお届けします。

❶ 氏名・住所・電話番号・生年月日、および受検年月日・受検級・認証番号（合格証書の左上部に記載）を明記したもの
❷ 本人確認資料（在学証明書、運転免許証、住民票などのコピー）
❸ 住所・氏名を表に明記し80円切手を貼った返信用封筒
❹ 証明書1枚につき発行手数料500円（切手可）

### ◆ 団体受検の申し込み

学校や企業などで志願者が一定以上まとまると、団体申込ができ、自分の学校や企業内で受検できる制度もあります。団体申込を扱っているかどうかは先生や人事関係の担当者に確認してください。

# 「漢検」受検の際の注意点

## 【字の書き方】

問題の答えは楷書で大きくはっきり書きなさい。乱雑な字や続け字、また、行書体や草書体のようにくずした字は採点の対象とはしません。

特に漢字の書き取り問題では、答えの文字は教科書体をもとにして、はねるところ、とめるところなどもはっきり書きましょう。また、画数に注意して、一画一画を正しく、明確に書きなさい。

《例》
○ 熱 × 熱
○ 言 × 言
○ 糸 × 糸

(2) 日本漢字能力検定2～10級においては、「常用漢字表」に示された字体で書きなさい。なお、「常用漢字表」に参考として示されている康熙(こうき)字典体など、旧字体と呼ばれているものを用いると、正答とは認められません。

《例》
○ 真 × 眞
○ 飲 × 飮
○ 弱 × 弱

○ 渉 × 渉
○ 迫 × 迫

## 【字種・字体について】

(1) 日本漢字能力検定2～10級においては、表外漢字(常用漢字表にない漢字)を用いると、正答とは認められません。

《例》
○ 交差点 × 交叉点 (「叉」が表外漢字)
○ 寂しい × 淋しい (「淋」が表外漢字)

(3) 一部例外として、平成22年告示「常用漢字表」で追加された字種で、許容字体として認められているものや、その筆写文字と印刷文字との差が習慣の相違に基づくとみなせるものは正答と認めます。

《例》
餌 → 餌 と書いても可
遜 → 遜 と書いても可
葛 → 葛 と書いても可
溺 → 溺 と書いても可
箸 → 箸 と書いても可

注意 (3)において、どの漢字が当てはまるかなど、一字一字については、当協会発行図書(2級対応のもの)掲載の漢字表で確認してください。

# 漢検
## 分野別問題集
### 改訂二版

**4**級

財団法人 日本漢字能力検定協会

# もくじ

本書の特長と使い方 …… 2

## 漢字の読み
- 漢検おもしろゼミ 01 …… 4
- ウォーミングアップ …… 10
- 練習1 …… 12
- ウォーミングアップ …… 16
- 練習2 …… 20
- 音読み
- 訓読み
- 特別な読み
- 同音の音訓

## 漢字の部首
- 漢検おもしろゼミ 02 …… 22
- ウォーミングアップ …… 24
- 練習1 …… 28
- ウォーミングアップ …… 29
- 練習2 …… 30

## 熟語の理解
- 漢検おもしろゼミ 03 …… 32
- ウォーミングアップ …… 34
- 練習1 …… 38
- ウォーミングアップ …… 42
- 練習2 …… 48
- 熟語の構成
- 熟語の作成

## 対義語・類義語
- 漢検おもしろゼミ 04 …… 50
- ウォーミングアップ …… 54
- 練習1 …… 58
- ウォーミングアップ …… 64
- 練習2 …… 65
- ウォーミングアップ …… 66
- 練習1 …… 70
- ウォーミングアップ …… 71
- 練習2 …… 72
- ウォーミングアップ …… 76
- 練習1 …… 82
- 練習2 …… 84
-  …… 88

---

# 本書の特長と使い方

本書は、「日本漢字能力検定」の4級合格を目指した問題集です。読み、部首、熟語の理解、対義語・類義語、四字熟語、送りがな、同音・同訓異字、書き取りの分野で構成しており、学習をスムーズに進められるように工夫されています。また練習問題は、「ウォーミングアップ」→「練習1」→「練習2」と基礎的なものから順にレベルアップしていきますので、無理なく学習に取り組むことができます。

## ① まずは、要点整理 漢検おもしろゼミ

① 各分野の問題に取り組む前に、ぜひ知っておいてほしい基礎知識を解説しています。

② 漢字のまめ知識なども取りあげていますので、読書感覚で読むことができます。

③ わかりにくい項目などは、表やイラストで解説しています。

## ② 練習前の肩ならし ウォーミングアップ

基礎力をチェックしましょう。

① チェック欄
できなかった問題、間違えた問題、自信のない問題はここにチェックして、復習に役立てましょう。

② ミニコラム (ONE Point)
問題を解く上でのテクニック・注意点・ポイントなどを述べています。

| | | |
|---|---|---|
| 四字熟語 | 漢検おもしろゼミ 05 | 92 |
| | ウォーミングアップ | 96 |
| | 練習1 | 98 |
| | 練習2 | 102 |
| 送りがな | 漢検おもしろゼミ 06 | 108 |
| | ウォーミングアップ | 112 |
| | 練習1 | 114 |
| | 練習2 | 116 |
| 同音・同訓異字 | 漢検おもしろゼミ 07 | 120 |
| | ウォーミングアップ | 122 |
| | 練習1 | 124 |
| | 練習2 | 126 |
| 書き取り | 漢検おもしろゼミ 08 | 130 |
| ●書き取り | ウォーミングアップ | 132 |
| | 練習1 | 134 |
| | 練習2 | 140 |
| ●誤字訂正 | ウォーミングアップ | 148 |
| | 練習1 | 150 |
| | 練習2 | 154 |
| 実力完成問題 | 第1回 | 158 |
| | 第2回 | 164 |
| 巻末資料 | 4級配当漢字表 | 170 |
| | 四字熟語とその意味 | 175 |
| | 学年別漢字配当表 | 178 |
| | 級別漢字表 | 181 |
| | 中学校で学習する音訓一覧表 | 184 |
| | 高等学校で学習する音訓一覧表 | 186 |
| | 常用漢字表 付表 | 187 |
| | 二とおりの読み/注意すべき読み | 190 |

## ❸ いろいろな練習問題に挑戦 練習1・練習2

練習1→練習2と学習を進めることで、検定に必要な漢字能力を正しく確実に身につけましょう。

❶ 実施日記入欄

❷ 解答の手助けとなる「ヒント」や「意味」を掲載しているので、漢字の成り立ちや意味などをきちんと理解した上で、問題を解くことができます。

❸ 間違えやすい問題や難易度の高い問題にはアイコンをつけています。アイコンのついた問題を解くことができれば、自信を持ってよいでしょう。

### この本で使っているアイコン

ヒント 解答の手助けとなるヒントを示しています。
意味 難しい言葉の意味を解説しています。
注 間違えやすい問題です。
難 難易度の高い問題です。

## ❹ バッチリ力をつけよう 実力完成問題

全分野の練習を終えたら、検定問題と同様の形式の実力完成問題にチャレンジしましょう。自己採点して、苦手分野は再度復習しましょう。

## ❺ 検定直前ポイント整理 巻末資料

配当漢字の一覧や四字熟語など、確認しておきたい資料や、各種漢字表をまとめました。日々の学習や検定直前の見直しに活用しましょう。

# 漢字の読み

## おもしろゼミ 01 漢検

### 「最」も「最適」な読みは？

#### 漢字の音と訓

■ 漢字の「音」
日本に伝来した当時の中国での発音をまねた読み方。

■ 漢字の「訓」
漢字そのものが持つ意味と、和語（漢字が伝わる以前から使っていた日本の言葉）を結びつけた読み方。

#### 呉音・漢音・唐音

| 修行（しゅぎょう） |
|---|
| 呉音…奈良時代以前の五〜六世紀。中国における南北朝時代。長江（揚子江）下流一帯（呉の地方）から伝えられた南方系の音。 |

| 行動（こうどう） |
|---|
| 漢音…奈良時代〜平安時代の七〜八世紀。隋・唐の時代。遣唐使や留学僧・留学生などによって伝えられた北方系の音。 |

| 行脚（あんぎゃ） |
|---|
| 唐音…鎌倉時代〜江戸時代。宋・元・明・清の時代。禅宗の僧や貿易商人などによって伝えられた音。 |

---

### 読み方いろいろで「頭」が「痛」い！

みなさんは、次のような表現を聞いたことはありませんか。

いにしえの昔の武士のさむらいが、山の中の山中で、馬から落ちて落馬する所を、女の婦人に見られて、顔を赤くして赤面し……。

同じことを二度ずつ言って、思わず笑ってしまいそうになりますが、落語などではありません。このような表現を **重言（じゅうげん）** と言いますが、私たちもうっかり使ってしまいがちな表現です。

**かぜ気味で頭痛が痛い。**

この文はどうでしょう。「頭痛」とは「頭が痛むこと」ですから、「頭が痛い」では「頭が痛むことが痛い」となってしまいます。正しくは「頭痛がする」または「頭が痛い」です。

この「重言」は、同じ漢字の音読みと訓読みを両方使うことで、同じ内容を二度言ってしまうというもの。この場合、「頭痛」の「痛（ツウ）」が音読み、続く「痛（いた）い」は訓読みです。異なる読み方なので、ついつい言ってしまいそうになりますが、漢字の音訓を意識して「重言」にならないように心がけましょう。「最適」は「最も適していること」という意味の見出しの「最も最適な」も同じです。

4

という意味なので、「最も最も適している」となってしまいます。この場合は、「最も適した」または「最適な」とするのが正解。ここでも「最」の字が「最（もっと）も」（訓）と「最（サイ）適」（音）で重複してしまっています。では、その音読み、訓読みについて見ていくことにしましょう。

## 漢字の「音読み」は大別して三つ

「音読み」は、中国での発音をまねた読み方です。

中国でも漢字の読み方は、時代や地域によって異なります。日本に伝来した時代や、どの地域から伝わったかによって、同じ漢字でも異なる読みがもたらされることになりました。その読みは大きく三つ、**呉音・漢音・唐音**に分けられます。例えば「下」という漢字では、「ゲ」が呉音、「カ」が漢音となります。

また、これらのほかに、日本で生じた「慣用音」というものもあります。ちなみに、辞書などでは音と訓と区別するために、音はカタカナ、訓はひらがなを用いることが多く、「常用漢字表」の表記もこれに従っています。

**[呉音]**…仏教用語を中心に日常語にも残る

日本では奈良時代以前の五〜六世紀に、中国の長江（揚子江）下流一帯（呉の地方）から伝えられた、中国南方系の音は、呉音といわれています。そのため、当時の中国は南北朝時代で、特に南朝は仏教が盛んでした。日常語では「正直・天然・人間」などが呉音の音として残されています。今日でも呉音は仏教用語に多く見られます。（「天」は漢音でも「テン」）。

### 仏教用語に残る「呉音」の例

開眼（かいげん）…新しく作った仏像や仏画に目を描いて、仏の魂を迎え入れること。

経文（きょうもん）…仏教の経典やその文章。お経。

解脱（げだつ）…迷いや悩みから解放されて、悟りの境地に達すること。

権化（ごんげ）…仏や菩薩が、人々を救うためにこの世に現れること。

金堂（こんどう）…寺院の中心をなす建物で、本尊を安置する堂。本堂。

建立（こんりゅう）…寺院や堂塔などを建てること。

修行（しゅぎょう）…悟りを開くために、仏の教えを実践すること。

殺生（せっしょう）…生き物を殺すこと。また、むごいこと。ひどく残酷なこと。

### 日常語に見られる「呉音」と「漢音」

| 漢字 | 呉音 | 漢音 |
|---|---|---|
| 会 | 会釈（えしゃく）・会楽 | 会社（かいしゃ）・会社 |
| 音 | 音楽（おんがく）・音 | 福音（ふくいん）・福音 |
| 万 | 巨万（きょまん）・巨万 | 万全（ばんぜん）・万全 |
| 口 | 口調（くちょう）・口調 | 口頭（こうとう）・口頭 |
| 下 | 下校（げこう）・下校 | 下流（かりゅう）・下流 |
| 気 | 気配（けはい）・気配 | 気力（きりょく）・気力 |
| 家 | 家来（けらい）・家庭 | 家庭（かてい）・家庭 |

| 漢字 | 呉音 | 漢音 |
|---|---|---|
| 白 | 黒白（こくびゃく）・白 | 紅白（こうはく）・紅白 |
| 自 | 自分（じぶん）・自分 | 自然（しぜん）・自然 |
| 正 | 正体（しょうたい）・正 | 正確（せいかく）・正確 |
| 日 | 初日（しょにち）・初日 | 休日（きゅうじつ）・休日 |
| 男 | 長男（ちょうなん）・長男 | 男子（だんし）・男子 |
| 名 | 本名（ほんみょう）・本名 | 名人（めいじん）・名人 |
| 文 | 文句（もんく）・文句 | 文章（ぶんしょう）・文章 |

**[漢音]**…現在では最も多い漢字音

七〜八世紀の隋から唐の時代にかけて、来日した中国人らによって伝えられ、日本の遣唐使や留学生、また、来日した中国人らによって伝えられて、日本で平安時代に漢字の標準音として学者たちの間で重んじされ、呉音よりも広く一般的に使われるようになりました。漢音の語は「自然・人権・人生」などをはじめ、たくさんあります。現在、私たちが使う音のうち、漢音が最も多い読みといわれています。

**[唐音]**…道具の名前などに残る程度

唐音とは、必ずしも唐代だけの音という意味ではなく、唐以後の宋・元・明・清などの音を便宜的にまとめて呼ぶ言い方で、「唐宋音(とうそうおん)」ということもあります。

鎌倉時代は留学僧や貿易商人によって、江戸時代は来日した禅宗の僧や中国の通詞(通訳)、商務官を兼ねることも)らによって伝えられたとされています。内容に共通点はなく、極めて雑多なものとなっています。日常語における使用範囲も狭く、今日では一部の道具の名前などに残されている程度に過ぎません。「行火・扇子・明朝」などが唐音にあたります。「火」「扇」は呉音(「行火」「扇子」)、「朝」は漢音(「明朝」)

### 三種類の音読みを持つ字もある

| 呉音 | 漢音 | 唐音 |
|---|---|---|
| 修行(しゅぎょう) | 行動(こうどう) | 行脚(あんぎゃ) |

### ■器具などの名に多い「唐音」

| 行火 あんか | 行灯 あんどん | 杏子 あんず | 銀杏 ぎんなん |
|---|---|---|---|
| 和尚 おしょう | 布団 ふとん | 提灯 ちょうちん | 風鈴 ふうりん |
| 花瓶 かびん | 椅子 いす | 暖簾 のれん | |

### ■呉音・漢音・唐音の読み分け

| 漢字 | 呉音 | 漢音 | 唐音 |
|---|---|---|---|
| 脚 | 脚気(かっけ) | 脚本(きゃくほん) | 脚立(きゃたつ) |
| 行 | 行列(ぎょうれつ) | 行動(こうどう) | 行宮(あんぐう) |
| 経 | 経文(きょうもん) | 経書(けいしょ) | 看経(かんきん) |
| 外 | 外科(げか) | 外国(がいこく) | 外郎(ういろう) |
| 京 | 東京(とうきょう) | 京師(けいし) | 南京(なんきん) |
| 明 | 明年(みょうねん) | 明月(めいげつ) | 明朝(みんちょう) |

### ■主な慣用音

| | | |
|---|---|---|
| 愛想(あいそ) | 音頭(おんど) | 合戦(かっせん) |
| 激流(げきりゅう) | 攻撃(こうげき) | 宮司(ぐうじ) |
| 磁石(じしゃく) | 信仰(しんこう) | 早急(さっきゅう) |
| 反物(たんもの) | 茶会(ちゃかい) | 接続(せつぞく) |
| 独立(どくりつ) | 通行(つうこう) | 弟子(でし) |
| 女房(にょうぼう) | 法度(はっと) | 正副(せいふく) |
| | 出納(すいとう) | 格子(こうし) |
| | 納得(なっとく) | |
| 拍子(ひょうし) | 納戸(なんど) | |
| | 輸入(ゆにゅう) | |

## 訓読みは漢字の翻訳

【慣用音】…日本で言い慣らされた漢字音

呉音・漢音・唐音のいずれでもなく、日本で広く使われて一般化した読みを「慣用音」といいます。
例えば「茶」の唐音は「サ」で、「茶飯事」などで使用しますが、「茶の湯」「番茶」などの「茶」は「チャ」と読みます。この「チャ」は「サ」が変化した慣用音で、訓読みのようですが音読みになります。

漢字が日本に伝えられたとき、漢字は音読みしかありませんでした。
しかし、漢字が表す内容が、日本語の言葉（和語）ですでに存在していたものがありました。そこで、音読みしかなかった漢字に、字そのものが持つ意味を結びつけた読み方が開発されました。
このように、漢字が持つ意味に近い日本語へ翻訳したものとして誕生したのが、訓読みです。つまり訓読みは漢字に日本語の読みを当てはめた読み方といううことになります。

「山」は伝来当時「サン」と読んでいたけれど…

日本語の「やま」と同じ意味だから「山」を「やま」と読むことに…

やま

## 多くの訓を持つ漢字

| | 上 | | 下 | |
|---|---|---|---|---|
| | 音 | 訓 | 音 | 訓 |
| | ジョウ・ショウ | うえ・うわ・かみ・あげる・あーげる・のぼる・のぼーせる・のぼーす | カ・ゲ | した・しも・もと・さげる・さーがる・くだる・くだーす・くだーさる・おーろす・おーりる |

## 送りがなのつく語幹が3音節以上の4級配当漢字

※ 高 は高校で学習する読み

扱（あつかーう）
汚（きたなーい）
鑑（かんがーみる）高
戯（たわむーれる）高
驚（おどろーく・おどろーかす）
傾（かたむーく・かたむーける）
彩（いろどーる）高
瞬（またたーく）高
占（うらなーう）
蓄（たくわーえる）
滴（したたーる）高
被（こうむーる）高
傍（かたわーら）高

鋭（するどーい）
戒（いましーめる）
輝（かがやーく）
伺（うかがーう）
慎（つつしーむ）
訴（うったーえる）
珍（めずらーしい）
闘（たたかーう）
忙（いそがーしい）
麗（うるわーしい）高

訓読みは、漢字一字に対して多くの読みが存在する場合があります。例えば「生」は、「常用漢字表」で音が二つであるのに対して、訓は十通りも記載されています。

| 生 | |
|---|---|
| 音 | セイ・ショウ |
| 訓 | い-きる・い-かす・い-ける・う-まれる・う-む<br>お-う・は-える・は-やす・き・なま |

なお、「快（こころよ-い）」のように音節数の多いものや、「勤める・務める・努める」のような同訓異字も、学習の際は注意が必要です。

## 音読みだけ、訓読みだけの字もある

「慣用音」の説明で挙げた、「茶」という漢字の音読みと訓読みを調べてみましょう。

「常用漢字表」では、「茶」に訓読みがありません。これは、「茶」という漢字が日本に伝来したとき、日本には茶そのものがなかったためなのです。そこで、「茶」の読みは音読みの「サ（チャ）」がそのまま日本語として使用されることになりました。

このように、漢字には音読みと訓読みの両方があるとは限りません。

そのほか、漢字には初めは訓読みの記載があったけれど次第に使われなくなり、現在は「常用漢字表」で、訓読みの記載がない漢字もあります。逆に「常用漢字表」で、訓読みだけで音読みが認められていない例もあります。

また、漢字には日本で作られた「国字」もあります。これは、基本的に訓読みのみの漢字ばかりですが、「働」のように音読み（ドウ）と訓読み（はたら-く）の両方を持つ国字もあります。

## 「常用漢字表／付表」熟字訓・当て字
（中学校で学習するもの）
※▲は4級配当外の漢字

あずき—小豆
いおう—硫黄
いくじ—意気地
いなか—田舎
うなばら—海原
うば—乳母
うわつく—浮つく
えがお—笑顔
おじ—叔父・伯父
おとめ—乙女
おば—叔母・伯母
おまわりさん—お巡りさん
かじ—鍛冶
かぜ—風邪
かたず—固唾
かな—仮名
かわせ—為替
ここち—心地
さおとめ—早乙女
さしつかえる—差し支える
さつき—五月
さなえ—早苗
さみだれ—五月雨
しぐれ—時雨
しっぽ—尻尾
しない—竹刀
しにせ—老舗
しばふ—芝生
しゃみせん—三味線
じゃり—砂利
しらが—白髪
すもう—相撲
ぞうり—草履
たち—太刀
たちのく—立ち退く
たび—足袋
つゆ—梅雨
でこぼこ—凸凹
なごり—名残
なだれ—雪崩
はたち—二十・二十歳
はとば—波止場
ひより—日和
ふぶき—吹雪
みやげ—土産
むすこ—息子
もみじ—紅葉
もめん—木綿
もより—最寄り
やおや—八百屋
やまと—大和
やよい—弥生
ゆくえ—行方
わこうど—若人

## 特別な読み方をする漢字

ゆく秋の大和の国の薬師寺の塔の上なる一ひらの雲

歌人・佐佐木信綱のよく知られた短歌です。ここで歌われている「大和」は「やまと」と読みますが、一字ずつ分けたときの読みはどうなるのでしょうか。「大(やま)和(と)」でしょうか。それとも、「大(や)和(まと)」でしょうか。

実は、これは「大和(やまと)」でひとまとまりの分解できない特別な読みなのです。このように、漢字一字ずつに読みが分解できない特別な読み方を「熟字訓」といい、「大和(やまと)」のほかにも、「明日(あす)」「五月雨(さみだれ)」「眼鏡(めがね)」「若人(わこうど)」など、多数あります。

また、「父」の読み方を調べてみましょう。「常用漢字表」の「父」の読みには「父さん」の「とう」が記載されていません。「常用漢字表」の「母さん」「お巡りさん」も同様で、これらも特別な読みとして「常用漢字表」の「付表」に載せられています。

なお、「常用漢字」で認められている音訓には、特別なものや用法のごく狭いものがあります。例えば「天」の「あま」(天の川)や「石」の「シャク」(磁石)、「読」の「トウ」(句読点)など。これらの特別な読みも、正しく読めるようにしておきましょう。

## 「常用漢字表」中の特別な音訓と用語例
(中学校で学習するもの)
※赤字は4級配当外の漢字

| | | |
|---|---|---|
| 遺 ユイ | 遺言 | |
| 茨 いばら | 茨城県 | |
| 唄 うた | 小唄・長唄 | |
| 岡 おか | 福岡県 | |
| 仮 ケ | 仮病 | |
| 夏 ゲ | 夏至 | |
| 牙 ゲ | 象牙 | |
| 街 カイ | 街道 | |
| 胸 キョウ | 胸板・胸騒ぎ | |
| 境 ケイ | 境内 | |
| 仰 コウ | 信仰 | |
| 嫌 ゲン | 機嫌 | |
| 献 コン | 献立・一献 | |
| 紅 ク | 真紅・深紅 | |
| 黄 コウ | 黄金 | |
| 歳 セイ | 歳暮 | |
| 埼 さい | 埼玉県 | |
| 財 サイ | 財布 | |
| 児 ニ | 小児科 | |
| 鹿 か | 鹿の子 | |
| 手 た | 手網・手繰る | |
| 舟 ふな | 舟遊び・舟歌 | |
| 修 シュ | 修行 | |
| 出 スイ | 出納 | |
| 旬 シュン | 旬の野菜 | |
| 緒 チョ | 情緒 | |
| 除 ジ | 掃除 | |
| 神 かん | 神主 | |
| 仁 ニ | 仁王 | |
| 井 ショウ | 天井 | |
| 声 こわ | 声色 | |

| | | |
|---|---|---|
| 星 ショウ | 明星 | |
| 精 ショウ | 精進・不精 | |
| 静 ジョウ | 静脈 | |
| 石 コク | 石高・千石船 | |
| 昔 シャク | 今昔 | |
| 切 サイ | 一切 | |
| 早 サッ | 早速・早急 | |
| 曽 ゾ | 未曽有 | |
| 贈 ソウ | 寄贈 | |
| 爪 つま | 爪先・爪弾く | |
| 爪 タク | 支度 | |
| 弟 デ | 弟子 | |
| 稲 いな | 稲作・稲穂 | |
| 丼 どん | 牛丼 | |
| 栃 とち | 栃木県 | |
| 内 ダイ | 内裏・参内 | |
| 納 トウ | 納得・納豆 | |
| 拍 ヒョウ | 拍子 | |
| 反 ホ | 反物 | |
| 彼 か | 彼女 | |
| 眉 ミ | 眉間 | |
| 苗 なわ | 苗代 | |
| 夫 フ | 夫婦・工夫 | |
| 阜 フ | 岐阜県 | |
| 奉 ブ | 奉行 | |
| 坊 ボッ | 坊ちゃん | |
| 暴 バク | 暴露 | |
| 目 ボク | 面目 | |
| 露 ロウ | 披露 | |

# 漢字の読み

## 1 音読み ウォーミングアップ

次の音を持つ漢字を後の□の中から選び、（　）にその漢字をすべて記せ。

1 ドウ（　）
2 ド（　）
3 シン（　）
4 キ（　）
5 シュン（　）

輝　旬　努　狩　針　網　薪　導
軒　策　奴　襲　貴　春　胴　舟

---

## 2

次の漢字の音をカタカナで記せ。また、同じ音を持つ漢字を後の□の中から選び、[　]にその漢字をすべて記せ。

1 肪（　）[　]
2 翼（　）[　]
3 浮（　）[　]
4 塔（　）[　]
5 紹（　）[　]

糖　象　欲　負　耐　父　討
帽　翌　亡　贈　称　暴　富

## 3 次の──線の読みをひらがなで、（　）の中に記せ。

経
- 1 経験を積む。
- 2 僧がお経を読む。

性
- 3 役者の個性を生かす。
- 4 彼は気性が激しい。

有
- 5 有利な条件がそろう。
- 6 合格に有頂天になる。

望
- 7 娘の希望をかなえる。
- 8 本望をとげる。

御
- 9 朝御飯を食べる。
- 10 攻撃は最大の防御だ。

罰
- 11 罰が当たる。
- 12 罰を受ける。

柔
- 13 柔道を習う。
- 14 柔和な表情だ。

拠
- 15 建物が占拠される。
- 16 証拠を集める。

執
- 17 執念を燃やす。
- 18 手術は院長が執刀した。

---

**ONE Point**

音としての読み方が多いもの（常用漢字表内）

- コウ 67字
- ショウ 66字
- シ 50字
- カン 46字
- トウ 41字
- キ・ソウ 39字
- セイ 35字
- カ・ケイ・ケン 32字

# 漢字の読み

## 音読み 練習1

実施日 /

解答は別冊P.1

**1** 次の——線の読みをひらがなで、（　）の中に記せ。

1 穀物の保存に適した倉庫だ。
2 胸中を打ち明ける。 ヒント「胸」を用いた熟語に、「胸囲」「度胸」などがある。
3 台帳に備品名を登載する。
4 互いの作品を批評しあう。
5 宇宙の開発が進んでいる。
6 いよいよ学窓を巣立つ。 意味 学校のこと。
7 音楽が鳴り響き幕が上がった。
8 春の到来を告げる風が吹く。
9 縦横無尽に活躍する。
10 社長の家は御殿のようだった。

11 その事件は耳目を集めた。 意味「耳目を集める」＝人々の関心を集めること。
12 私たちは仲の良い姉妹だ。
13 お互いに率直な意見を述べる。
14 古代人が穴居した跡を見学する。
15 イチョウが黄葉して美しい。 意味 秋になり木の葉が黄色に変わること。
16 新製品が出荷された。
17 極上の酒を手に入れた。
18 羽毛ぶとんは軽くて暖かい。
19 結婚式は盛大に行われた。
20 母校の選手に声援を送る。
21 玄関をきれいにしておく。
22 神社に続く橋の欄干は朱色だ。
23 赤ん坊が突然泣き出した。
24 山村の民俗芸能を調べる。

25 間違った箇所を直す。
26 被害者が犯人を告訴する。
27 大雨のため川は濁流となった。
28 駅前に巨大なビルが建った。
29 災害で経済的な打撃を受けた。
30 友人は三か国語を駆使する。
31 異性に恋愛感情を抱く。
32 人工衛星が大気圏に入った。
33 この湖では毎年白鳥が越冬する。
34 社会の恥部をあばいた記事だ。
  意味 人に知られたり、見られたりするとはじとなる部分のこと。
35 祖父は僧職にあった。
36 堅実な考え方をした方がよい。
37 話が誇張されて広まる。
38 新郎新婦が式場に入場した。

39 病人の介抱をする。
  意味 病人やけが人の世話をすること。
40 白昼の事件に現場は騒然となった。
41 夏祭りで太鼓をたたく。
42 恐怖のあまり声が出ない。
43 毎年恒例の月見の会が楽しみだ。
44 鋭意努力いたします。
  意味 一生懸命。そのことだけにつとめること。
45 丹精こめて野菜を育てる。
  意味 心をこめて物事を行うこと。
46 チームは劣勢に立たされた。

---

**ONE Point**

**熟語の読みの原則 その①**

「発言(はつげん)」「意見(いけん)」「作文(さくぶん)」のように、上の字を音読みすれば、下の字も音読みするのが原則です。

# 漢字の読み

## 音読み 練習1

**2** 次の──線の読みをひらがなで、（ ）の中に記せ。

1 至急に連絡をとる。
2 県外へ遠征試合に出かける。
3 前日の疲労が残っている。
4 明日はクラス対抗の球技大会だ。
5 身に受けた汚名をそそぐ。
6 食後のデザートに白桃が出された。
7 海岸沿いに砂丘が広がる。
8 受賞作家として脚光を浴びる。 意味 「脚光を浴びる」＝世間から注目されること。
9 全身に闘志がみなぎっている。
10 高価な香水をいただいた。

11 大学では教育学を専攻している。
12 事件は衆人環視の中で起こった。 意味 「衆人環視」＝多くの人が取り囲んで見ていること。
13 護送中の犯人が逃亡した。
14 洗った衣類を乾燥機にかける。
15 必要事項を記入する。
16 父は行儀作法にうるさい。
17 芸の道に精進する。 意味 一つのことに集中して努力すること。
18 山道は濃霧に包まれていた。
19 異彩を放つ絵画に足を止める。
20 鉛筆を一ダース買う。
21 寝る時は扇風機を切る。
22 大会の日程が変更された。
23 豪快な笑い声が聞こえた。
24 製菓の専門学校に進学する。

25 紫外線から皮膚を守る。
26 強国に隷従して生きのびる。
　意味 部下・家来となって仕え従うこと。
27 兄は薬剤師になった。
28 優勝賞金を獲得した。
29 臨時国会が召集された。
30 漫然と毎日を過ごしてはいけない。
　意味 目的がなくぼんやりしている様子。
31 この建物は耐久性に優れている。
32 縁起ものだるまを飾る。
　ヒント 「起」を「キ」と読まないように。
33 グラウンドで円陣を組む。
34 参加者は真剣な表情で訓練した。
35 期日までに原稿を書きあげる。
36 内需の拡大をねらった企画だ。
　意味 国内の需要。
37 幼いころの記憶はあいまいだ。
38 町の産業を振興させる。

39 ついに雌雄を決する時が来た。
　意味 「雌雄を決する」＝勝敗を決めること。
40 悲しみをこらえ気丈に振る舞う。
41 豪雨のためダムが決壊した。
42 新入部員を歓迎する。
43 「人人」のような言葉を畳語という。
44 油脂を多く含む食物を避ける。
45 爆音とともに飛行機が飛び立った。
46 社会的な規範を身につける。

---

**ONE Point**

**意符と音符って？**

形声文字（意味と音それぞれを表す字を組み合わせて新たにできた漢字）で、意味を表す部分を「意符」、発音を表す部分を「音符」といいます。

# 漢字の読み

## 音読み

### 練習 2

1 次の──線の読みをひらがなで、（　）の中に記せ。

1 他人に迷惑をかけるな。
2 夏の夕方に遠雷を聞く。
3 自然の驚異に目を見張る。
4 クラブでは暗黙のルールがある。
5 少子化に拍車がかかる。
6 社外監査役の制度を導入する。
7 高齢の方に席をゆずりましょう。
8 安全な場所へ避難する。
9 将来は服飾関係の仕事をしたい。
10 名人に匹敵する実力を持つ。

11 首尾よく計画は進んだ。
12 日本は外国に資源を依存している。
13 普段から健康に気を配る。
14 生活の基盤を安定させたい。
15 姉は日本舞踊を習っている。
16 完膚なきまでに論破された。
17 典雅な舞に見とれてしまった。
18 お盆の帰省ラッシュが始まった。
19 ナスの花を人為的に受粉させる。
20 日よけに帽子を買いたい。
21 音響の機材を搬出する。
22 彼は映画界の鬼才といわれている。
23 被害は広範囲にわたった。
24 吹奏楽部に入部した。
25 名画を鑑賞して心を豊かにする。

26 金魚やコイは淡水魚だ。
27 物音に敏感に反応する。
28 インフルエンザが猛威を振るう。
29 販路の拡大を目指す。
30 新車の購入（こうにゅう）を即決した。
31 会社の再建に腐心する。
32 論文は痛烈に批判を浴びた。
33 けが人は奇跡的に救出された。
34 幼児が童謡を口ずさんでいる。
35 心の陰影をたくみに演じ分ける。
36 微妙な色彩の変化が美しい絵だ。
37 彼の作品は多くの人に称賛された。
38 海外進出の是非を考える。
39 進退に関しては言及を避けた。
40 不屈の精神を持つ選手だ。

41 明日は六時に起床する予定だ。
42 部活動で後輩の指導にあたる。
43 遠浅の海を干拓地にする。
44 富士山の偉容に感動する。
45 伝統の技術を継承する。
46 学校内に同姓同名の人がいる。
47 見事な技に感嘆の声があがった。
48 光沢のある布のかばんを買う。
49 三人で知恵を出し合う。
50 生年月日を西暦で記入する。

---

**ONE Point**

**漢字の音読みをとらえるには漢字の音符に注目！**

次の漢字の音は？
① 稲　② 釈　③ 枯

① とう
② しゃく
③ こ

17

# 漢字の読み
## 音読み 練習 2

**2** 次の――線の読みをひらがなで、（　）の中に記せ。

1. 天賦の才を生かして成功する。
2. 腕白な弟に手を焼く。
3. 趣味は映画鑑賞だ。
4. 慢心が失敗を招いた。
5. 端整な顔立ちをした人形だ。
6. 健康維持のために運動をする。
7. あまりにも唐突な質問に困った。
8. 俳句に自分で朱を入れる。
9. 両者の力の差は比較にならない。
10. 議員が辞職を勧告された。
11. 容器にカレーの色が沈着した。
12. 長い歳月が彼を変えた。
13. この像は自由の象徴だそうだ。
14. 提案はあえなく却下された。
15. 粒子の細かい歯みがき粉を使う。
16. 善意の行動として解釈する。
17. 新作の戯曲を発表する。
18. 将来は獣医になりたい。
19. 論文の要旨をまとめる。
20. 生徒会長は秀才といわれる。
21. 北極点は北緯九十度にあたる。
22. 路傍に咲く花に力強さを感じた。
23. 山の斜面を果樹園にする。
24. 天候不順で凶作が続く。
25. 問題の解決に苦慮する。

26 志望校に合格して狂喜乱舞する。
27 理不尽な要求に激怒した。
28 道に迷って途方に暮れた。
29 自宅から駅までの距離を測る。
30 電話の応対に忙殺される。
31 戦争での悲惨な体験を語る。
32 祝儀袋(しゅうぎぶくろ)に「壱万円」と記す。
33 思わぬ苦杯をなめてしまった。
34 あまりの恐怖に絶叫する。
35 自動車の盗難が相次いだ。
36 その説明は矛盾だらけだ。
37 後輩の無鉄砲な行動を制止する。
38 電車の運行状況を確認する。
39 故障した投手は今も療養中だ。
40 この雑誌は旬刊です。

41 金弐千円を領収いたしました。
42 友人に婚約者を紹介する。
43 店舗を駅前に移転する。
44 一瞬の表情をカメラに収める。
45 政治家の一言が波紋を広げた。
46 不況で工場が閉鎖された。
47 平凡な毎日を送っている。
48 法律に抵触するおそれがある。
49 美辞麗句では本心は伝わらない。
50 諸般の事情で中止になった。

**ONE Point**

複数の音を持つ漢字もある！
次の場合、ⓐⓑどちらで読む？
ⓐ せい
ⓑ しょう
・この仕事は性に合わない。 ⓑ

# 漢字の読み

## ウォーミングアップ 訓読み

**1** 次の漢字の訓読みをひらがなで、（　）の中に記せ。

1. 桜（　）
2. 梅（　）
3. 剣（　）
4. 倉（　）
5. 幹（　）
6. 縦（　）
7. 卵（　）
8. 綿（　）
9. 潮（　）
10. 蚕（　）

**2** 次の漢字の訓読みをひらがなで、（　）の中に記せ。

1. 芋（　）
2. 鬼（　）
3. 桃（　）
4. 暦（　）
5. 翼（　）
6. 薪（　）
7. 扇（　）
8. 鎖（　）
9. 鉛（　）
10. 趣（　）
11. 紫（　）
12. 雷（　）

## 3 次の――線の読みをひらがなで、（　）の中に記せ。

1. いとも軽やかに飛び越えた。
2. 夕食前に軽い食事をとる。
3. 割に合わない仕事を引き受けた。
4. 高価な皿を割ってしまった。
5. 風の薫（かお）りに春の訪れを感じた。
6. 友人の新居を訪ねる。
7. ドアを静かに閉める。
8. 容疑者は口を閉ざしている。
9. ランナーは後ろを見た。
10. 先頭集団から後れる。
11. 体に変調を来した。
12. 待ちに待った合格通知が来た。

13. 完成を危ぶむ声が多い。
14. 危ない橋は渡らない。
15. 体育館の床をモップでふく。
16. 床の間に花を生ける。
17. 言い逃れはできまい。
18. 現実から逃げてはいけない。
19. 壁の汚れが目立つ。
20. 汚い部屋を片付ける。
21. 家の前の道は狭い。
22. 力の差が狭まってきた。

---

**ONE Point**

次の読み方は音読み？　訓読み？

① 駅―えき
② 供―とも
③ 場―ば

① 音読み
② 訓読み
③ 訓読み

# 漢字の読み

## 訓読み

### 練習1

次の――線の読みをひらがなで、（　）の中に記せ。

1. 線路に沿って道が続いている。
2. セーターが縮んでしまった。
3. 山の頂に到着した。
4. 師の尊い教えに触れる。
5. 鏡に自分の姿を映す。
6. 二人の子を授かった。
7. 夕食の前に宿題を済ます。
8. 笑い過ぎて腹が痛い。
9. お年寄りを敬う気持ちは大切だ。
10. すっかり日が暮れてしまった。
11. 好きな人に恋文を書く。　意味 ラブレターのこと。
12. もう公にしてもいいころだ。
13. 手間の要る仕事だった。
14. 素直に謝って許しを求める。
15. 足の速さでは彼が勝る。
16. サービスの向上を図る。
17. 通勤途中で彼女を見初めた。　意味 ひと目見て好きになること。
18. 彼を説得するのは至難の業だ。
19. 庭の一角に花園を造りたい。
20. 式は厳かに行われた。
21. 職人の技が光る一品だ。
22. 結婚式で二人の門出を祝う。
23. 練習試合で実力を試す。
24. 方位磁針が大きく振れた。

25 人をだました報いを受ける。
26 乳飲み子をあやす。
　意味 「乳飲み子」＝乳を飲む時期の幼い子どものこと。
27 この新製品は盛んに宣伝されている。
28 革のくつを新調した。
29 つらい訓練に耐える。
30 失敗続きで気持ちが沈んでいる。
31 ノートの端に小さくメモをとる。
32 水そうの水が濁ってきた。
33 何度も繰り返して練習する。
　ヒント 送りがなに注目。
34 旅行を目前に胸が弾む。
35 夕焼けで空が紅に染まっている。
36 すっかり話し込んでしまった。
37 今日の弟はごきげん斜めだ。
38 パーティーの飾りつけをした。

39 山へ狩りに出かける。
40 母は淡い色調の着物が似合う。
41 ビルの間を強い風が吹いている。
42 辺りに梅の香がただよっている。
　ヒント 「かお―り」ではないことに注目。
43 校庭に犬が入り大騒ぎになった。
44 このつぼは大切に扱ってください。
45 相手の良心に訴える。
46 孫をつい甘やかしてしまう。

**ONE Point**

**熟語の読みの原則　その②**

「稲妻（いなずま）」「弱腰（よわごし）」「小柄（こがら）」のように、上の字を訓読みすれば、下の字も訓読みするのが原則です。

# 漢字の読み

## 1 訓読み

次の――線の読みをひらがなで、（ ）の中に記せ。

1. ついに油絵の大作を描き上げた。
2. 話の矛先がこちらに向いた。【難】
3. 計画は宙に浮いたままだ。
4. 柱時計が狂ってしまった。
5. 動物との触れ合いを大切にする。
6. 一気に杯を干す。【注】
7. 昨晩、恐ろしい夢を見た。
8. 丘の上に登り海を一望した。
9. 岩室に仏像が安置されている。【注】
10. この柱は腐っていて危険だ。
11. 軒下で雨宿りをした。
12. 怖い話を聞いてしまった。
13. 飛び立つキジを鉄砲で撃った。
14. 大勢の前で恥をかいた。
15. 牛の脂を料理に使う。【難】
16. 忙しくて連絡を忘れた。
17. 薄情な態度に怒りを覚える。【注】
18. このブドウは粒が大きい。
19. 色とりどりの花が咲き乱れている。
20. 姉はとても口が堅い。
21. 病人のためにふとんを敷く。
22. 遠慮なくお召し上がり下さい。
23. 唐草模様のふろしきに包む。
24. 奇抜な服装に驚いた。
25. 湖の底まで透けて見える。

26 肉と野菜をじっくりと煮込む。
27 苦悩の色が濃くなってきた。
28 法律を盾に取って反論する。
29 最近、業績が振るわない。
30 先生のお話を伺う。
31 突然、不安に襲われた。
32 足を止めて月を仰いだ。
33 海で大きな魚を捕まえた。
34 ヘチマには雌花と雄花がある。
35 目先の利益に惑わされるな。
36 馬が草原を駆けていく。
37 山中で獣道を見つけた。
38 敵の城を攻めた。
39 家族と静かに年を越す。
40 恵まれた環境で育つ。

41 平和のために闘おう。
42 更に話し合いは続いた。
43 自転車のサドルが夜露にぬれた。
44 ようやく肩の荷が下りた。
45 暇を盗んで本を読む。
46 わが国が誇る伝統芸能を守る。
47 駅まで祖母を迎えに行った。
48 不注意で花を枯らしてしまった。
49 意表を突いた意見だ。
50 合唱コンクールで指揮を執る。

**ONE Point**

送りがなに注意して読み分けよう！
次の場合、ⓐⓑどちらで読む？
・兄は心が優しい。
ⓐ やさ
ⓑ すぐ
ⓔ

# 漢字の読み

## 訓読み 練習2

**2** 次の――線の読みをひらがなで、（　）の中に記せ。

1. 実家では犬を二匹飼っている。
2. 夜空に星が輝いている。
3. 髪をばっさり切った。
4. 偉ぶった態度をたしなめる。
5. 弱った足腰をきたえる。
6. 空は青く澄みきっている。
7. 友人との関係を壊したくない。
8. 昔、この辺りは沼地だった。
9. 運動会でフォークダンスを踊る。
10. 今は知識を蓄えておく時期だ。
11. 霧深い山里の風景を絵にする。
12. 橋は流されて跡形もない。
13. 考える時間を与えられた。
14. 沖の小島でつりを楽しんだ。
15. 去年に比べて背丈がのびた。
16. 鋭い観察力を持つ。
17. 娘は今年中学校に上がった。
18. 家の裏に古い井戸がある。
19. ライオンが獲物をねらっている。
20. 畳の上にふとんを敷く。
21. かばんに荷物を詰めた。
22. 明日に備えて早めに寝た。
23. 夕暮れ時は影が長くのびる。
24. 来年の運勢を占う。
25. 木陰のすずしさに一息つく。

26 電車の遅延で迷惑を被った。
27 訪問先でお茶を勧められた。
28 客人に料理の腕を振るう。
29 洗ったくつ下はもうすぐ乾く。
30 父は黙って話を聞いてくれた。
31 幾久しくお幸せに。
32 病は峠を越えたようだ。
33 残業続きで疲れている。
34 負けず劣らずの名勝負だ。
35 先祖代々の家業を継ぐ。
36 いすの脚が折れてしまった。
37 細心の注意を払って運転する。
38 自分の身の上を嘆く。
39 庭の草をきれいに刈った。
40 ラッシュを避けて通勤する。

41 網で魚を捕る。
42 池の縁からコイを見ている。
43 沢伝いに山を登る。
44 ほうきの柄が折れてしまった。
45 話し合いは深夜にまで及んだ。
46 本に押し花がはさんであった。
47 この鳥は尾が長い。
48 中庭の芝は緑が美しい。
49 先生の話には奥行きを感じる。
50 折り紙で舟を作る。

## ONE Point 音読みと間違いやすい訓読み

片—かた　粉—こ　巣—す
関—せき　束—たば　辺—べ
紅—べに　身—み　夕—ゆう

# 漢字の読み

## 特別な読み

### ウォーミングアップ

**1** 次の熟語には二通りの読み方がある。その読みをひらがなで、（　）の中に記せ。

1. 今日（　　　）
2. 昨日（　　　）
3. 明日（　　　）
4. 今年（　　　）
5. 博士（　　　）
6. 眼鏡（　　　）
7. 紅葉（　　　）
8. 白髪（　　　）
9. 梅雨（　　　）
10. 土産（　　　）

**2** 次の――線の読みをひらがなで、（　）の中に記せ。（＊は特別な読み）

1. 一切の責任を負う。（　　　）
2. 大切に保管する。（　　　）
3. ＊早速準備に取りかかる。（　　　）
4. 早朝マラソンに参加する。（　　　）
5. ＊境内はひっそりとしていた。（　　　）
6. 当時の心境を語る。（　　　）
7. 食事の支度をする。（　　　）
8. ＊度重なる被害に見舞われた。（　　　）
9. 彼は筆不精なのか返事がない。（　　　）
10. 一年で精神的に成長した。（　　　）
11. ＊声高に持論を主張する。（　　　）
12. 美しい歌声が聞こえる。（　　　）

# 特別な読み 練習 1

**1** 次の――線の読みをひらがなで、（　）の中に記せ。

- ☑ 1 自宅で家事を手伝う。
- ☑ 2 河原でバーベキューをする。
  - ヒント 「原」を「ハラ」と読まないように。
- ☑ 3 車窓からの景色が美しい。
- ☑ 4 アリが砂糖に群がっている。
- ☑ 5 岩の間から清水がわき出ている。
- ☑ 6 父は三人兄弟だ。
- ☑ 7 家族旅行で家を留守にする。
- ☑ 8 再来年に新校舎が完成する。
  - ヒント 「再」を「サイ」と読まないように。
- ☑ 9 宮中に参内する。
  - 意味 高貴なところに行くこと。参上すること。
- ☑ 10 大豆は体によい食べ物だ。
- ☑ 11 八百屋で大根を買った。
- ☑ 12 しめ切りは二十日だ。
- ☑ 13 弟が遊園地で迷子になった。
- ☑ 14 句読点は適切につけること。
- ☑ 15 グラウンドで雪合戦をした。
- ☑ 16 天の川がはっきり見える。
- ☑ 17 老舗の旅館で接待する。
- ☑ 18 デザートは果物の盛り合わせだ。
- ☑ 19 問題集には努力の名残があった。
  - 意味 物事が終わったあとに、なおも残っている気分や気配のこと。
- ☑ 20 最寄りの駅まで歩く。
  - 意味 一番近いということ。

---

**ONE Point**

**漢字の特別な読み方**

常用漢字表に載っている音訓の中には、特別なものや、用法がごく狭いとされる読み方があります。また、「付表」には当て字や熟字訓がまとめられており、本書ではこれらを「特別な読み」として扱っています。

# 漢字の読み 練習 2

## 特別な読み

**1** 次の——線の読みをひらがなで、（　）の中に記せ。

1. 木綿のハンカチを買う。
2. 漢字に仮名を振る。
3. 帰る途中で吹雪になった。
4. 仕事に差し支えないようにする。
5. 姉は今年二十になった。
6. 自然には太刀打ちできない。
7. 五月雨の季節になった。
8. 勝敗の行方を見守る。
9. あっさり勝利し拍子抜けした。
10. 坊ちゃん育ちで考えが甘い。
11. 信仰の自由は憲法で保障されている。
12. 五月晴れの空が快い。
13. 砂利をトラックで運搬する。
14. 意気地なしと言われてしまった。
15. 長年住んだ部屋を立ち退く。
16. 竹刀を打ち合う音が聞こえる。
17. 船が大海原を行く。
18. 心地よい風が吹いてきた。
19. この部屋は天井が高い。
20. 田舎の親に手紙を送る。
21. 落語家の弟子になる。
22. 図書館に本を寄贈する。

23 為替相場が大きく変動する。
24 波止場で船を待つ。
25 黄金色のススキが風にゆれる。
26 息子は部の合宿に行っている。
27 取引先にお歳暮を贈る。
28 小豆であんを作る。
29 三味線のけいこをしている。
30 仁王像が安置されている。
31 夕方から時雨模様となった。
32 日和見主義だと批判された。
33 浮いた気持ちを引きしめる。
34 この一帯は稲作が盛んだ。
35 親族が集まり酒盛りが始まった。
36 研究会には若人が集まった。

37 武家の子は乳母に育てられた。
38 大和絵を多く収蔵する美術館だ。
39 彼女は歌を幸せそうに歌う。
40 舟歌を聞きながら川を下る。
41 真紅のバラを育てる。
42 文章の表現を工夫する。
43 庭に芝生を植えている。
44 交番のお巡りさんに道を尋ねた。
45 急に真面目な顔になって話す。

## ONE Point

**織姫と彦星は離せない⁉**
熟字訓の読みは一字一字の音訓として分けられません。「七夕」を「た＋なばた」「たな＋ばた」と切り離しては読めないのです。

# 漢字の読み

## 同字の音訓

### ウォーミングアップ

実施日 ／

解答は別冊P.5・6

**1** 次の漢字の音読みと訓読みを、それぞれ後の音と訓の中から選び、（ ）と［ ］の中に記せ。

1. 奮 音（　）訓［　］
2. 姿 音（　）訓［　］
3. 推 音（　）訓［　］
4. 背 音（　）訓［　］
5. 弾 音（　）訓［　］
6. 稲 音（　）訓［　］

音　ハイ　ダン　フン　スイ　トウ　シ

訓　お・す　いね　たま　そむ・く　すがた　ふる・う

---

**2** 次の漢字は読み方が変わると意味が異なる漢字である。その読み方をひらがなで記せ。

1. 失敗したら大事だ。
2. 手紙を大事にしまった。
3. 一目でいいから会いたい。
4. 彼はクラスで一目置かれている。
5. 分別がついていい年ごろだ。
6. ゴミを分別する。
7. 一時停止の標識の前で止まる。
8. 楽しい一時を過ごした。
9. 茶腹も一時。
10. わたしは絵を描くのが下手だ。
11. 舞台の下手から登場する。
12. 相手の顔色を見て下手に出る。

## 3 次の漢字の音読みと訓読みを □ の中に書き入れ、ことばの読みを完成させよ。

**優**
1. 優先 — せん
2. 優れる — れる

**殖**
3. 利殖 — り
4. 殖える — える

**殿**
5. 殿下 — か
6. 殿様 — さま

**震**
7. 地震 — じ
8. 震える — える

**捕**
9. 捕手 — しゅ
10. 捕らえる — らえる

**侵**
11. 侵入 — にゅう
12. 侵す — す

**汗**
13. 発汗 — はっ
14. 汗水 — みず

**触**
15. 感触 — かん
16. 触る — る

**涙**
17. 落涙 — らく
18. 涙声 — ごえ

---

**ONE Point**

中国の発音をまねたのが音、さて訓は？

漢字の訓は、漢字の持つ意味と、日本古来の言葉とが関連づけられた読み方です。

## 漢字の読み

### 同字の音訓 練習1

**1** 次の──線の読みをひらがなで、（　）の中に記せ。

1. 激動の時代を振り返る。
2. 激しい雨が降る。
3. こたつで暖を取る。
4. 暖かい気候が続く。
5. 困難に立ち向かう。
6. 実力からして優勝は難しい。
7. カブトムシの幼虫を飼う。
8. 幼なじみと久しぶりに会った。
9. 何事も基本が大切だ。
10. 事実を基にした小説を書く。
11. 戦争には断固反対だ。
12. 勝ち戦だと思って油断した。
13. 念のため時間を確認する。
14. 互いに力を認め合う。
15. 河川の水質を検査する。
16. 川の向こう岸にわたる。
17. 探査機が月に着陸した。
18. 問題解決の糸口を探る。
19. 誠意に欠けた対応だ。
   ヒント 「誠」の音符は「成」
20. 誠に申し訳ありません。

# 漢字の読み

- 21 迷信に惑わされるな。（　）
- 22 駅の構内で迷ってしまった。（　）
- 23 新しい仕事に就いた。（　）
- 24 就寝時間を守ってください。（　）
- 25 新しいパソコンが欲しい。（　）
- 26 夏バテで食欲が落ちる。（　）
- 27 机上の空論は相手にされない。（　）
  - 意味「机上の空論」＝頭の中だけで考えた実際には役に立たない意見のこと。
- 28 机の上を整理する。（　）
- 29 省エネルギーに取り組む。（　）
- 30 今までの自分を省みる。（　）
- 31 満座の注目を浴びてしまった。（　）
  - 意味 その場に居合わせた人すべて。
- 32 公園のベンチに座る。（　）
- 33 彼は毒舌家として有名だ。（　）
  - 意味 とても手きびしい皮肉や批判の言葉。
- 34 彼女はよく舌が回る。（　）
- 35 大きめの器を用意する。（　）
- 36 人形を器用にあやつる。（　）
- 37 卒業証書を授与する。（　）
- 38 天から授かった才能を生かす。（　）
- 39 ガラスの破片が散らばる。（　）
- 40 この道路は片側通行だ。（　）

---

## ONE Point

**熟語の読みの少数派　その①「重箱読み(ジュウばこよみ)」**

「額縁(ガクぶち)」「味方(ミかた)」「仕事(シごと)」などのように、上の字を音読みし、下の字は訓読みする読み方を「重箱読み」といいます。

# 漢字の読み

## 同字の音訓 練習 1

**2** 次の――線の読みをひらがなで、（　）の中に記せ。

1. 著名人に握手を求めた。
2. 決定的な証拠を握った。
3. 次の連載小説が楽しみだ。
4. トラックに荷物を載せた。
5. 事故の詳報が伝えられた。
6. 詳しい説明をしてほしい。
7. マツタケは珍重されている。 ヒント この「重」は、「貴重」と同じ読み。
8. 南国の珍しい花が咲いた。
9. 彼は抜群のセンスの持ち主だ。 意味 とび抜けて優れていること。
10. 指に刺さったとげを抜いた。
11. 雑草が繁茂している。
12. 草木がうっそうと茂っている。
13. 一滴の水も大切にする。
14. 雨の滴がしたたる。
15. 意見が大きく相違している。
16. 実力の違いを見せつけられた。
17. 暴力的な描写が規制される。
18. 若者の成長を描いた小説だ。
19. 迫力のある映像に興奮した。 ヒント「迫」の音符は「白」。
20. 約束の期日が迫っている。

21 添乗員が乗客数を確認する。
22 祖母の通院に付き添う。
23 動物たちは冬眠している。
24 眠さをこらえて勉強する。
25 体操競技では跳馬が得意だ。
　ヒント 「跳」の音符は「兆」。
26 魚が水面を跳ねた。
27 校長の話は含蓄に富んでいる。
　意味 内容に深みがあること。
28 私を含めて八人が参加する。
29 隣家は四人家族だ。
　ヒント この「家」は、「ケ」と読まない。
30 席替えで親友と隣の席になる。
31 彼は一見鈍重に見える。
32 包丁の切れ味が鈍った。

33 妹は雑誌に影響を受けやすい。
34 発明で博士の名が世に響いた。
35 工業地帯は煙突が林立する。
36 土煙を巻き上げて馬が走る。
37 余暇を利用して習い事を始めた。
　意味 仕事時間以外の自由な時間のこと。
38 読書をして暇をつぶす。
39 ゴミの分別が市に浸透した。
40 勝利の喜びに浸る。

ONE Point

**熟語の読みの少数派　その②　「湯桶読み」**

「手本(てホン)」「湯気(ゆゲ)」「相性(あいショウ)」などのように、上の字を訓読みし、下の字は音読みする読み方を「湯桶読み」といいます。

# 漢字の読み

## 同字の音訓 練習2

**1** 次の——線の読みをひらがなで、（　）の中に記せ。

1. 現代社会を風刺した漫画だ。
2. 刺すような痛みを感じた。
3. 彼の行方は皆目見当がつかない。
4. 作物は皆順調に育っている。
5. 表情に苦悩の色が見える。
6. 電車の騒音に悩まされる。
7. 冒険の旅に出る。
8. 危険を冒して作業を続ける。
9. 彼女の顔色は尋常でない。
10. 氏名と年齢を尋ねる。
11. 甘言に惑わされるな。
12. 食後に甘いものはいかがですか。
13. この堤防は百年前に築かれた。
14. 川の堤に座ってのんびりする。
15. 僧は戒律を守って生活する。
16. いたずらした子どもを戒める。
17. 軽薄な内容の番組が増えた。
18. 薄着でも寒くない季節になる。
19. 候補者が雄弁を振るった。
20. 雄のクワガタムシを捕まえる。
21. 今年の夏は曇天が続いた。
22. 今日は午後から曇るらしい。
23. 生徒数は減少の傾向にある。
24. 祖母の昔話に耳を傾ける。

25 海浜公園で潮干狩りをする。
26 早朝の浜辺を散歩する。
27 サイレンの音が静寂を破った。
28 夕暮れ時はなんとなく寂しい。
29 信頼に応えるよう努力する。
30 他人に頼らずに片付ける。
31 兄の乗った飛行機が離陸した。
32 目を離したすきに逃げ出した。
33 相手の勢いに圧倒される。
34 風で店の看板が倒れた。
35 職を捨てて故郷に隠退する。
36 ネコが車の下に隠れる。
37 名誉ある賞をいただく。
38 秀才の誉れが高い人だ。

39 躍起になって言い訳する。
40 一気にトップに躍り出た。
41 彼の熱意には脱帽した。
42 暑いので上着を脱いだ。
43 約束の時間に遅刻する。
44 電車が遅れて到着した。
45 新鮮な逆転劇を見せた。
46 鮮やかな野菜を買う。
47 団体客に座席を占領された。
48 同じ意見が大多数を占めた。

**ONE Point**

読み方の音訓で意味の異なる熟語　その①

次の場合、ⓐⓑどちらで読む？
・夜道で背後に人気を感じた。
　ⓐ にんき　ⓑ ひとけ

# 漢字の読み

## 同字の音訓 練習 2

解答は別冊P.7

**2** 次の——線の読みをひらがなで、（　）の中に記せ。

1. 大学入試の合格を祈願する。
2. ご成功をお祈りします。
3. 相互の理解を大切にする。
4. 互いに気を遣う間柄だ。
5. ホウ酸の水溶液を使用する。
6. 水に塩を溶かす。
7. この道路は幅員十メートルだ。
8. 走り幅跳びで優勝した。（難）
9. 晴雨兼用のかさを買った。
10. 湯治を兼ねる観光旅行をする。

11. 遺跡の発掘作業を進める。
12. スコップで土を掘る。
13. 商品は慎重に扱っている。
14. もう少し言葉を慎みなさい。
15. タンカーが沖に停泊している。
16. 友人の家に泊まる。
17. 渡船場はこの近くにある。
18. 横断歩道を渡りなさい。（注）
19. 公園の噴水のそばで休む。
20. ついに不満が噴き出した。
21. ヒロインとして舞台に立つ。
22. 花びらが風に舞う。
23. 立山連峰がかなたに見える。
24. 峰には白い雪が残る。

## 漢字の読み

25. 不朽の名作といわれている。
26. 倒木がとうとう朽ち果てた。
27. 新年の抱負を語る。
28. 大きな荷物を抱えている。
29. 適当な代替品が見つからない。
30. 替え歌を作って楽しんだ。
31. 荒天で飛行機が欠航になった。
32. 台風の接近で波が荒い。
33. 今の真情を吐露する。
34. 吐く息が白かった。
35. 生徒会の運営に尽力する。
36. 筆舌に尽くしがたい痛みだ。
37. 講演の摘要を読む。
38. 野の花を摘む。

39. 古代の壁画が発見される。
40. 部屋の壁にポスターをはる。
41. 夏休みに四国全土を踏破した。
42. 友人の足を踏んでしまった。
43. 取引先を巡回する。
44. 不思議な巡り合わせに驚く。
45. 人気作家の筆致をまねてみた。
46. 不徳の致すところです。
47. 人材派遣会社に登録する。
48. 妹は小遣いをためている。

---

**ONE Point**

**読み方の音訓で意味の異なる熟語　その②**

次の場合、ⓐⓑどちらで読む？

・縁日の屋台で風車を買った。
　ⓐふうしゃ　ⓑかざぐるま

# 漢字の部首

## おもしろゼミ 02 漢検

## 仲間外れで「和」を欠く?

### ものを「問う」のは「口」で!

秋 科 種 稲 和

左側に「禾」のつく漢字が五つ並んでいますが、一つだけ仲間外れの漢字があります。どれかわかりますか?

答えは「和」です。「和」だけ部首が違います。

### 「部首」って何?

では、「部首」とは何でしょうか。

「部首」とは、漢字をその意味や字画構成の上から分類・配列し、あるひとまとまり(部)としてとらえたときの、それらの漢字に共通する基本的な構成部分をいいます。

最初に挙げた五字のうち「秋・科・種・稲」は、いずれもイネや作物に関する漢字なので、イネ・作物の意を持つ「禾(のぎ)」という部に属します。部首は「禾(のぎへん)」です。これに対して、「和」は「口(人の声)」+「禾(音を表す部分)」という組み立てなので、部首は「口(くち)」です。

このように、部首は主に字の成り立ちによって分類されるため、字の形だけでは一概に判断することができません。同様に「門」がつく漢字でも、「開・閉・問・間・関」の中で「問」だけは「口(くち)」の部に属しま

### ■ 間違えやすい部首の漢字

| 、てん | ノ のはらいぼう | 人 ひと | 入 いる | 八 は | ン にすい | 几 うけばこ | 凵 かたな | 刀 かたな | リ りっとう | 力 ちから | ヒ ひ | 巴 わりふ ふしづくり | ム む | 又 また |
|---|---|---|---|---|---|---|---|---|---|---|---|---|---|---|
| 主 丹 | 乗 久 | 以 | 内 全 | 具 | 冬 | 処 | 出 | 初 | 前 利 則 | 勝 功 労 務 | 化 | 巻 | 去 | 取 反 及 |

| 口 くち | 土 つち | 士 さむらい | 夕 ゆうべ | 大 だい | 子 こ | 寸 すん | 尸 かばね しかばね | 巛 かわ | 巾 はば | 干 かん いちじゅう | 心 こころ |
|---|---|---|---|---|---|---|---|---|---|---|---|
| 唐 合同命問和喜周句 | 堂墓圧垂 | 売 | 夜夢 | 天夫奮 | 学字季孝 | 寺将 | 局 | 巡 | 席常幕 | 幸幹 | 慮愛応憲恥 |

42

## 部首一覧

これは「問」が「口(人の声)」の意味に「門(音を表す部分)」が加わることで成り立っているためです。

「部」や「部首」は漢字の研究者が整理したものであり、その選び方や分類の仕方はさまざまです。いくつの部首に分類するかは時代や考え方によって異なり、中国・後漢時代の『説文解字』は五四〇部ですが、清代の『康熙字典』は二一四部です。今日の日本の漢和辞典の大部分は、この『康熙字典』の部立てによっており、漢検でも部首分類は基本的に『康熙字典』に従っています。辞典によって、部首の分類や部首名が異なる場合がありますが、これはどれが正しく、どれが誤っているということではなく、編者の考え方の違いによるものです。ただし「日本漢字能力検定」に限っては、漢検の定める部首で解答してください。

部首を画数順に並べ、その下に漢字の中で占める位置によって形が変化するもの、特別な部首名のものを分類しています。

**部首位置名称**
- 偏(へん)…□□
- 旁(つくり)…□□
- 冠(かんむり)…□□
- 脚(あし)…□□
- 垂(たれ)…□□
- 繞(にょう)…□□
- 構(かまえ)…□□

### 一画

| No. | 部首 | 名称 |
|---|---|---|
| 1 | 一 | いち |
| 2 | ｜ | たてぼう |
| 3 | 丶 | てん |
| 4 | ノ | はらいぼう |
| 5 | 乙 | おつ |

### 二画

| No. | 部首 | 名称 |
|---|---|---|
| 6 | 亅 | はねぼう |
| 7 | 二 | に |
| 8 | 亠 | けいさんかんむり・なべぶた |
| 9 | 人 | ひと |
| (9) | イ | にんべん |
| 10 | 入 | いる |
| 11 | 儿 | ひとあし・にんにょう |
| 12 | 八 | は・はち |
| 13 | 冂 | まきがまえ・けいがまえ・どうがまえ |
| 14 | 冖 | わかんむり |

### 部首と例字

| 部首 | 名称 | 例字 |
|---|---|---|
| 手 | て | 挙 撃 |
| 攵 | のぶん・ぼくづくり | 放 敗 攻 |
| 斗 | と・とます | 料 |
| 日 | ひ | 昼 暮 旬 暦 |
| 木 | き | 栄 案 条 |
| 欠 | あくび・かける | 次 |
| 止 | とめる | 歴 |
| 歹 | かばねへん・いちたへん・がつへん | 死 |
| 氵 | さんずい | 準 |
| 牛 | うしへん | 牧 |
| 火 | ひ | 炭 灰 |
| 玄 | げん | 率 |
| 田 | た | 男 画 畑 申 |
| 疋 | ひき | 疑 |
| 目 | め | 直 真 相 |
| 禾 | のぎへん | 穀 |
| 立 | たつ | 章 |
| 耳 | みみ | 聞 聖 |
| 肉 | にく | 育 胃 背 能 肩 膚 腐 |
| 至 | いたる | 致 |
| 臼 | うす | 興 |
| 舌 | した | 舎 舗 |
| 艹 | くさかんむり | 蒸 |
| 衣 | ころも | 裁 |
| 見 | みる | 覚 視 |
| 言 | げん | 誉 |
| 貝 | かい・こがい | 買 賞 |
| 車 | くるま | 軍 載 |
| 辛 | からい | 辞 |
| 酉 | ひよみのとり | 酒 |
| 里 | さと | 重 量 |
| 隹 | ふるとり | 集 |
| 頁 | おおがい | 項 |
| 食 | しょく | 養 |
| 鳥 | とり | 鳴 |
| 黒 | くろ | 黙 |

## 部首表

| 番号 | 部首 | 字形 | 名称 |
|---|---|---|---|
| 15 | 冫 | 冫 | にすい |
| 16 | 几 | 几 | つくえ |
| 17 | 凵 | 凵 | うけばこ |
| 18 | 刀 | 刀 | かたな |
| 19 | 力 | 力 | ちから |
| 20 | 勹 | 勹 | つつみがまえ |
| 21 | ヒ | ヒ | ひ |
| 22 | 匚 | 匚 | はこがまえ |
| 23 | 匸 | 匸 | かくしがまえ |
| 24 | 十 | 十 | じゅう |
| 25 | 卜 | 卜 | うらない |
| 26 | 卩 | 卩 | わりふ／ふしづくり |
| 27 | 厂 | 厂 | がんだれ |
| 28 | ム | ム | む |
| 29 | 又 | 又 | また |

### 三画

| 番号 | 部首 | 字形 | 名称 |
|---|---|---|---|
| 30 | 口 | 口 | くち |
| 31 | 口 | 口 | くにがまえ |
| 32 | 土 | 土 | つち／つちへん |
| 33 | 士 | 士 | さむらい |
| 34 | 夂 | 夂 | ふゆがしら／すいにょう |
| 35 | 夕 | 夕 | ゆうべ |
| 36 | 大 | 大 | だい |
| 37 | 女 | 女 | おんな／おんなへん |
| 38 | 子 | 子 | こ／こへん |
| 39 | 宀 | 宀 | うかんむり |
| 40 | 寸 | 寸 | すん |
| 41 | 小 | 小 | しょう |
| 42 | 尢 | 尢 | だいのまげあし |
| 43 | 尸 | 尸 | かばね／しかばね |
| 44 | 屮 | 屮 | てつ |
| 45 | 山 | 山 | やま／やまへん |
| 46 | 川 | 巛／川 | かわ |
| 47 | 工 | 工 | たくみ／たくみへん |
| 48 | 己 | 己 | おのれ |
| 49 | 巾 | 巾 | はば |

### 四画

| 番号 | 部首 | 字形 | 名称 |
|---|---|---|---|
| 49 | 巾 | 巾 | きんべん／はばへん |
| 50 | 干 | 干 | いちじゅう／ようがしら |
| 51 | 幺 | 幺 | いとがしら |
| 52 | 广 | 广 | まだれ |
| 53 | 廴 | 廴 | えんにょう |
| 54 | 廾 | 廾 | にじゅうあし／しきがまえ |
| 55 | 弋 | 弋 | しきがまえ |
| 56 | 弓 | 弓 | ゆみ |
| 57 | 彐 | 彐 | けいがしら |
| 58 | 彡 | 彡 | さんづくり |
| 59 | 彳 | 彳 | ぎょうにんべん |
| 60 | 灬 | 灬 | つかんむり |
| 61 | 心 | 心／忄 | こころ／りっしんべん |
| (注) | | 小→小／忄→心／扌→手／氵→水／犭→犬／艹→艸／辶→辵／阝(右)→邑／阝(左)→阜 | |
| 62 | 戈 | 戈 | ほこづくり／ほこがまえ |
| 63 | 戸 | 戸 | と／とだれ／とかんむり |
| 64 | 手 | 手 | て |

## 数字の部首は何？

| 漢字 | 部首（部首名） | 同じ部首の漢字 |
|---|---|---|
| 一 | 一（いち） | 下・上・不・世 など |
| 二・三・七 | 一（いち） | 下・上・不・世 など |
| 二 | 二（に） | 互・井 など |
| 四 | 囗（くにがまえ） | 因・回・固・国 など |
| 六 | 八（は） | 具・兵・共・典 など |
| 八 | 八（はち） | 具・兵・共・典 など |
| 九 | 乙（おつ） | 乾 など |
| 十 | 十（じゅう） | 千・半・卒・南 など |

## 部首の意味の例

### 偏（へん）

| 部首（部首名） | 意味 |
|---|---|
| 冫 にすい | 氷の表面の筋目の形・冷たい |
| 巾 はばへん／きんべん | 垂れた布のきれ |
| 忄 りっしんべん | 心の動きや働き |
| 氵 さんずい | 水が流れる様子 |
| 禾 のぎへん | イネや穀物 |
| 貝 かいへん | お金や財産 |

### 旁（つくり）

| 部首（部首名） | 意味 |
|---|---|
| 刂 りっとう | 刀やその働き |

| 番号 | 部首 | 字形 | 読み |
|---|---|---|---|
| 81 | 毛 | 毛 | け |
| 80 | 比 | 比 | ならびひ・くらべる |
| 79 | 母 | 母 | なかれ |
| 78 | 殳 | 殳 | ほこづくり |
| 77 | 歹 | 歹 | かばねへん・いちたへん・がつへん |
| 76 | 止 | 止 | とめる |
| 75 | 欠 | 欠 | あくび・かける |
| 74 | 木 | 木・朩 | き・きへん |
| 73 | 月 | 月 | つきへん |
| 72 | 曰 | 曰 | いわく・ひらび |
| 71 | 日 | 日 | ひへん |
| 70 | 方 | 方 | ほう・ほうへん・かたへん |
| 69 | 斤 | 斤 | おのづくり |
| 68 | 斤 | 斤 | きん |
| 67 | 斗 | 斗 | とます |
| 66 | 文 | 文 | ぶん |
| 65 | 攴 | 攵 | ぼくづくり・のぶん |
| 64 | 支 | 支 | し |
| 63 | 手 | 扌 | てへん |

| 番号 | 部首 | 字形 | 読み |
|---|---|---|---|
| 93 | 玉 | 玉 | たま |
| 92 | 玄 | 玄 | げん |
| | | | 五画 |
| | 王・玉→玉　耂→老　衤→示　辶→辵 | | |
| 91 | 犬 | 犭・犬 | けものへん・いぬ |
| 90 | 牛 | 牛・牜 | うし・うしへん |
| 89 | 牙 | 牙 | きば |
| 88 | 片 | 片 | かた・かたへん |
| 87 | 父 | 父 | ちち |
| 86 | 爪 | 爫・爪 | つめ・つめかんむり・つめがしら |
| 85 | 火 | 灬・火 | れんが・れっか・ひ・ひへん |
| 84 | 水 | 氺・氵・水 | したみず・さんずい・みず |
| 83 | 气 | 气 | きがまえ |
| 82 | 氏 | 氏 | うじ |

| 番号 | 部首 | 字形 | 読み |
|---|---|---|---|
| 109 | 石 | 石 | いしへん・いし |
| 108 | 旡 | 旡 | すでのつくり・なし |
| 107 | 矢 | 矢 | やへん・や |
| 106 | 矛 | 矛 | ほこ |
| 105 | 目 | 目 | めへん・め |
| 104 | 皿 | 皿 | さら |
| 103 | 皮 | 皮 | けがわ |
| 102 | 白 | 白 | しろ |
| 101 | 癶 | 癶 | はつがしら |
| 100 | 疒 | 疒 | やまいだれ |
| 99 | 正 | 正・疋 | ひき・ひきへん |
| 98 | 田 | 田 | た・たへん |
| 97 | 用 | 用 | もちいる |
| 96 | 生 | 生 | うまれる |
| 95 | 甘 | 甘 | あまい・かん |
| 94 | 瓦 | 瓦 | かわら |
| 93 | 玉 | 王 | おう・たまへん |

| 部首 | 字形 | 読み | 意味 |
|---|---|---|---|
| 行 | | ぎょうがまえ・ゆきがまえ | 歩く・道を行く |
| 口 | | くにがまえ | 周りを囲んだ形 |
| 構（かまえ） | 口・門 | | |
| 辵 | 辶 | しんにょう・しんにゅう | 道を行く |
| 繞（にょう） | | えんにょう | 歩く・進む |
| 广 | | まだれ | 屋根・建物 |
| 厂 | | がんだれ | 切り立ったがけ |
| 垂（たれ） | | | |
| 小 | | したごころ | 心の動きや働き |
| 灬 | | れんが・れっか | 火・燃え上がる炎（ほのお） |
| 脚（あし） | | | |
| 雨 | | あめかんむり | 雨や雨降りの様子 |
| 耂 | | おいかんむり・おいがしら | つえを突いた年寄り |
| 宀 | | うかんむり | 家や屋根・覆う |
| 冠（かんむり） | | | |
| 頁 | | おおがい | 人の姿や人の頭 |
| 殳 | | ほこづくり | 人を殴る・打つ |
| 彡 | | さんづくり | 美しい模様や飾り |

45

| 番号 | 部首 | 字形 | 読み |
|---|---|---|---|
| 110 | 示 | ネ・示 | しめす・しめすへん |
| 111 | 禾 | ネ | のぎ・のぎへん |
| 112 | 穴 | 穴 | あな・あなかんむり |
| 113 | 立 | 立 | たつ・たつへん |
| | | | 六画　氵→水　罒→网　ネ→衣 |
| 114 | 竹 | 竹・⺮ | たけ・たけかんむり |
| 115 | 米 | 米 | こめ・こめへん |
| 116 | 糸 | 糸 | いと・いとへん |
| 117 | 缶 | 缶 | ほとぎ |
| 118 | 网 | 罒 | あみがしら・あみめ |
| 119 | 羊 | 羊 | ひつじ |
| 120 | 羽 | 羽 | はね |
| 121 | 老 | 耂 | おい・おいかんむり |
| 122 | 而 | 而 | しこうして・しかして |
| 123 | 耒 | 耒 | らいすき |

| 番号 | 部首 | 字形 | 読み |
|---|---|---|---|
| 124 | 耳 | 耳 | みみ・みみへん |
| 125 | 聿 | 聿 | ふでづくり |
| 126 | 肉 | 月・肉 | にく |
| 127 | 自 | 自 | みずから |
| 128 | 至 | 至 | いたる |
| 129 | 臼 | 臼 | うす |
| 130 | 舌 | 舌 | した |
| 131 | 舟 | 舟 | ふね・ふねへん |
| 132 | 艮 | 艮 | ねづくり・こんづくり |
| 133 | 色 | 色 | いろ |
| 134 | 艸 | 艹 | くさかんむり |
| 135 | 虍 | 虍 | とら・とらかんむり |
| 136 | 虫 | 虫 | むし・むしへん |
| 137 | 血 | 血 | ち |
| 138 | 行 | 行・行 | ぎょう・ぎょうがまえ・ゆきがまえ |
| 139 | 衣 | 衣・ネ | ころも・ころもへん |
| 140 | 西 | 西 | にし |

| 番号 | 部首 | 字形 | 読み |
|---|---|---|---|
| 140 | 西 | 襾 | おおいかんむり |
| | | | 七画 |
| 141 | 見 | 見 | みる |
| 142 | 臣 | 臣 | しん |
| 143 | 角 | 角 | つの・つのへん |
| 144 | 言 | 言 | げん・ごんべん |
| 145 | 谷 | 谷 | たに |
| 146 | 豆 | 豆 | まめ |
| 147 | 豕 | 豕 | いのこ・ぶた |
| 148 | 豸 | 豸 | むじなへん |
| 149 | 貝 | 貝 | かい・こがい・かいへん |
| 150 | 赤 | 赤 | あか |
| 151 | 走 | 走 | はしる・そうにょう |
| 152 | 足 | 足 | あし・あしへん |
| 153 | 身 | 身 | み |
| 154 | 車 | 車 | くるま・くるまへん |
| 155 | 辛 | 辛 | からい |

■ まぎらわしい部首

①「阝（おおざと）」と「阝（こざとへん）」

阝（おおざと）…郎・郵・郷・郡 など

もとは「邑（むら）」で、人が住む場所を表し、「おおざと」は「大きな村里」を意味しています。「阝」は「邑」が旁になったときの省略された形です。

阝（こざとへん）…陰・隠・陣・隣 など

もとは「阜（おか）」で、土を積み重ねた高い土地という意味を表しました。「阝」は「阜」が偏になったときの省略された形で、「おおざと」に対して「こざとへん」といわれます。

②位置によって形や呼び名が変わるもの

| 人 | 水 | 心 | 火 | 手 | 示 | 衣 |
|---|---|---|---|---|---|---|
| イ | 氵 | 忄 | 火 | 扌 | ネ | ネ |
| 人 | 水 | 小 | 灬 | 手 | 示 | 衣 |
| にんべん | さんずい | りっしんべん | ひへん・れんが・れっか | てへん | しめすへん | ころもへん |
| ひとやね | みず | したごころ | | て | しめす | ころも |
| 傾・侵・傍 | 汗・沼・淡 | 憶・恒・惨 | 燥・煙・爆 | 扱・押・摘 | 祭・票・禁 | 被・補・複 |
| 介・今・会 | 水・求・氷 | 慕 | 煮・為・然 | 承・挙・撃 | 礼・祖・祈 | 襲・裁・裏 |

| No. | 部首 | 字体 | 読み |
|---|---|---|---|
| 156 | 辰 | 辰 | しんのたつ |
| 157 | 辵 | 辷 | しんにょう／しんにゅう |
| | | 辶 | しんにょう／しんにゅう |
| 158 | 邑 | 阝 | おおざと |
| 159 | 酉 | 酉 | ひよみのとり／とりへん |
| 160 | 釆 | 釆 | のごめ／のごめへん |
| 161 | 里 | 里 | さと／さとへん |
| 162 | 舛 | 舛 | まいあし |
| 163 | 麦 | 麦 | むぎ |
| | 八画 | | ばくにょう |
| 164 | 金 | 金 | かね |
| | | 釒 | かねへん |
| 165 | 長 | 長 | ながい |
| 166 | 門 | 門 | もん／もんがまえ |
| 167 | 阜 | 阝 | おか／こざとへん |
| 168 | 隶 | 隶 | れいづくり |
| 169 | 隹 | 隹 | ふるとり |

※注 常用漢字表では、「辶」は「遡・遜」、「飠」は「餌・餅」のみに適用。

| No. | 部首 | 字体 | 読み |
|---|---|---|---|
| 170 | 雨 | 雨 | あめ／あめかんむり |
| 171 | 青 | 青 | あお |
| 172 | 非 | 非 | あらず |
| 173 | 斉 | 斉 | せい |
| | 九画 | | |
| 174 | 面 | 面 | めん |
| 175 | 革 | 革 | かわ／つくりのかわ／かくのかわ |
| 176 | 音 | 音 | おと |
| 177 | 頁 | 頁 | おおがい |
| 178 | 風 | 風 | かぜ |
| 179 | 飛 | 飛 | とぶ |
| 180 | 食 | 食 | しょく／しょくへん |
| | | 飠 | |
| 181 | 首 | 首 | くび |
| 182 | 香 | 香 | かおり |
| | 十画 | | |
| 183 | 馬 | 馬 | うま／うまへん |
| 184 | 骨 | 骨 | ほね／ほねへん |

| No. | 部首 | 字体 | 読み |
|---|---|---|---|
| 185 | 高 | 高 | たかい |
| 186 | 髟 | 髟 | かみがしら |
| 187 | 鬥 | 鬥 | ちょう |
| 188 | 鬼 | 鬼 | おに |
| | 十一画 | | |
| 189 | 章 | 章 | きにょう |
| 190 | 竜 | 竜 | りゅう |
| 191 | 魚 | 魚 | うお／うおへん |
| 192 | 鳥 | 鳥 | とり |
| 193 | 鹿 | 鹿 | しか |
| 194 | 麻 | 麻 | あさ |
| 195 | 黄 | 黄 | き |
| 196 | 黒 | 黒 | くろ |
| 197 | 亀 | 亀 | かめ |
| | 十二画 | | |
| 198 | 歯 | 歯 | は／はへん |
| | 十三画 | | |
| 199 | 鼓 | 鼓 | つづみ |
| | 十四画 | | |
| 200 | 鼻 | 鼻 | はな |

## ■「月」の部首について

「月」の形の成り立ちには、次の三つの系統があります。

① つき「月」…三日月の形を描いた象形文字 時を表す字に多く見られます。

⇩ 月・有・朝・朗・望・期 の六字

② つきへん「月」…「舟」が変形したもの
「ふなづき」と呼ばれていましたが、現在は「つきへん」と呼ばれています。

⇩ 服・朕（準2級配当漢字）の二字

③ にくづき「月」…「肉」が変形したもの
「にく」のみ「肉」と書きますが、ほかの字と組み合わさると「月」の形になり、人体に関する漢字に添えられています。

⇩ 脚・脂・腰・腕 など

本来は、形もそれぞれ違って区別されていましたが、「常用漢字表」の書体では、すべて「月」とされています。

● 漢検では、「月」が偏となった「にくづき」の漢字は「月」の部ですが、偏ではない部分で扱われる字は「肉」の部に分類しています。

● 部首「肉」の漢字（4級以下のもの）
肩・腐・膚・背・能・胃・育・肉

# 漢字の部首

## ウォーミングアップ

### 1

次の漢字群の部首を（　）の中に記せ。

(例) 海・泳・湖・洋・波　（氵）

1. 繰・絡・維・縁・継（　）
2. 拍・抱・描・扱・摘（　）
3. 詳・謡・誕・詰・誇（　）
4. 菓・薪・芋・荒・芝（　）
5. 正・歴・歳・武・歩（　）
6. 朱・東・業・束・末（　）
7. 群・美・羊・義・着（　）
8. 坂・均・城・堤・域（　）

### 2

次のひらがなで示された部首名を持つ漢字をア〜エから選び、（　）にその記号を記せ。

(例) さんずい　［ア 冷　イ 池　ウ 形　エ 営］（イ）

1. まだれ　［ア 厚　イ 床　ウ 屋　エ 病］
2. こざとへん　［ア 野　イ 郎　ウ 量　エ 隊］
3. ぎょうにんべん　［ア 傍　イ 御　ウ 行　エ 術］
4. しめすへん　［ア 祖　イ 被　ウ 視　エ 補］
5. のぶん ぼくづくり　［ア 厳　イ 牧　ウ 敷　エ 致］
6. おのづくり　［ア 折　イ 断　ウ 訴　エ 祈］
7. のごめへん　［ア 釈　イ 彩　ウ 称　エ 粒］
8. くち　［ア 局　イ 后　ウ 知　エ 兄］
9. た　［ア 奮　イ 胃　ウ 畳　エ 思］
10. うかんむり　［ア 空　イ 突　ウ 字　エ 寂］

## 3

次に示された漢字の部首が合っていれば○、まちがっていれば正しい部首を記せ。

(例) 語 → 言 ( ○ )

1. 依 → 衣 ( )
2. 汗 → 氵 ( )
3. 軒 → 干 ( )
4. 盆 → 八 ( )
5. 畑 → 田 ( )
6. 押 → 扌 ( )
7. 勝 → 月 ( )
8. 列 → 歹 ( )
9. 料 → 米 ( )
10. 則 → 刂 ( )
11. 鳴 → 口 ( )

12. 巡 → 辶 ( )
13. 監 → 皿 ( )
14. 姿 → 女 ( )
15. 青 → 月 ( )
16. 意 → 立 ( )
17. 挙 → 手 ( )
18. 維 → 隹 ( )
19. 聞 → 門 ( )
20. 麦 → 夂 ( )
21. 壱 → 匕 ( )
22. 蒸 → 艹 ( )

**ONE Point**

漢字を整理するために部首がある部首は便宜的に考え出された漢字の分類方法です。「漢検」は『漢検要覧 2〜10級対応』に示す部首分類によります。

# 漢字の部首

## 練習1

解答は別冊P.8

**1** 次の漢字の**部首**を☐の中から選び、**部首名**を☐の中から選び、それぞれ**記号**で記せ。

|  | 部首 | 部首名 |
|---|---|---|
| 1 項 | ( ) | ( ) |
| 2 耐 | ( ) | ( ) |
| 3 泉 ［ヒント］漢字の意味に注目。 | ( ) | ( ) |
| 4 躍 | ( ) | ( ) |
| 5 化 | ( ) | ( ) |

あ 白　い 亻　う 頁　え 足　お 而
か 匕　き 隹　く 寸　け 匕　こ 水

ア しろ　イ しこうして　
オ おおがい　カ すん　キ あしへん　ク ひ
ケ にんべん　コ たくみへん

---

**2** 次の漢字の**部首**を☐の中から選び、**部首名**を☐の中から選び、それぞれ**記号**で記せ。

|  | 部首 | 部首名 |
|---|---|---|
| 1 蕾 | ( ) | ( ) |
| 2 暦 | ( ) | ( ) |
| 3 奴 | ( ) | ( ) |
| 4 堅 | ( ) | ( ) |
| 5 和 ［ヒント］もともとは、声に関係する意味の漢字。 | ( ) | ( ) |

あ 女　い 日　う 艹　え 田　お 口
か 厂　き 土　く 又　け 禾　こ 臣

ア がんだれ　イ つち　
エ のぎへん　オ ひ　カ くち　キ しん
ク た　ケ くさかんむり　コ また

## 3 次の漢字の**部首**を☐の中から選び、**部首名**を◯の中から選び、それぞれ**記号**で記せ。

1. 酒　部首〔　〕部首名（　）
2. 欄　部首〔　〕部首名（　）
3. 凡　部首〔　〕部首名（　）
4. 敗　部首〔　〕部首名（　）
5. 烈　部首〔　〕部首名（　）　ヒント：火に関係する漢字。

☐
あ 門　い 几　う 灬　え 貝　お 酉
か 氵　き 氵　く 禾　け 木　こ 攵

◯
ア ぼくづくり　イ きへん　ウ てん　エ れんが／れっか
オ さんずい　カ つくえ　キ ひよみのとり
ク かいへん　ケ りっとう　コ もんがまえ

---

## 4 次の漢字の**部首**を☐の中から選び、**部首名**を◯の中から選び、それぞれ**記号**で記せ。

1. 者　部首〔　〕部首名（　）
2. 尾　部首〔　〕部首名（　）
3. 燥　部首〔　〕部首名（　）　ヒント：もともとは、夜に関係する意味の漢字。
4. 夢　部首〔　〕部首名（　）
5. 罰　部首〔　〕部首名（　）

☐
あ 艹　い 言　う 土　え 火　お 夕
か 耂　き 尸　く 木　け 罒　こ 毛

◯
ア しかばね　イ け　ウ ゆうべ　エ えき
オ ごんべん　カ つち　キ くさかんむり
ク ひへん　ケ おいかんむり／おいがしら
コ あみめ・あみがしら・よこめ

---

**ONE Point**

同じ形でもどこに位置するかで呼び名が変わる例

- 岩・島 → 「やま」
- 峠・峰 → 「やまへん」
- 男・畳 → 「た」
- 町・略 → 「たへん」

# 漢字の部首

## 練習1

**5** 次の漢字の部首を下のア〜エから選び、（　）にその記号を記せ。

1. 趣 ［ア 耳　イ ヌ　ウ 土　エ 走］（　）
2. 驚 ［ア ⺿　イ 攵　ウ 馬　エ 灬］（　）　ヒント：もともとは、馬がおどろくという意味の漢字。
3. 惑 ［ア 弋　イ 戈　ウ 口　エ 心］（　）
4. 塔 ［ア 扌　イ ⺾　ウ 人　エ 口］（　）
5. 刺 ［ア 木　イ 朿　ウ 刂　エ 丨］（　）
6. 幅 ［ア 巾　イ 一　ウ 口　エ 田］（　）　ヒント：もともとは、布の横はばという意味の漢字。
7. 茂 ［ア ⺾　イ 弋　ウ 戈　エ ノ］（　）
8. 傾 ［ア 頁　イ ヒ　ウ 亻　エ 八］（　）
9. 環 ［ア 王　イ 罒　ウ 一　エ ロ］（　）　ヒント：輪の形をした玉。ぐるぐるまわる。まわりをとりまく。
10. 頼 ［ア 一　イ ロ　ウ 朿　エ 頁］（　）
11. 腕 ［ア 宀　イ 月　ウ 夕　エ 㔾］（　）
12. 腕 ［ア 宀　イ 罒　ウ 一　エ 心］（　）
13. 襲 ［ア 立　イ 月　ウ 二　エ 衣］（　）　ヒント：もともとは、まきつけて着せる、重ね着という意味の漢字。
14. 離 ［ア 亠　イ 凵　ウ 冂　エ 隹］（　）　ヒント：もともとは、「チョウセンウグイス」という鳥の名を表す漢字。
15. 盤 ［ア 舟　イ 几　ウ 八　エ 皿］（　）
16. 溶 ［ア 氵　イ 宀　ウ 八　エ 口］（　）
17. 甘 ［ア 一　イ 甘　ウ 凵　エ 二］（　）
18. 憶 ［ア 忄　イ 立　ウ 日　エ 心］（　）

## 漢字の部首

19 壊 [ア 土 イ 十 ウ 罒 エ 衣]
ヒント もともとは、土がくずれるという意味の漢字。

20 蚕 [ア 一 イ 大 ウ 虫 エ 二]

21 蚕 [ア 矛 イ 犭 ウ 隹 エ 力]
ヒント 訓読みは「かいこ」。

22 獲 [ア 艹 イ 犭 ウ 隹 エ 又]

23 霧 [ア 雨 イ 矛 ウ 又 エ 皮]

24 疲 [ア 疒 イ 犭 ウ 又 エ 皮]

25 姓 [ア 女 イ ノ ウ 生 エ 十]

26 療 [ア 疒 イ 大 ウ 日 エ 小]

27 影 [ア 日 イ 一 ウ 小 エ 彡]

28 勧 [ア 二 イ 隹 ウ 力 エ ノ]
ヒント 心にしまりがないという意味の漢字。

29 慢 [ア 忄 イ 日 ウ 罒 エ 又]

30 剣 [ア 人 イ 口 ウ 人 エ 刂]

---

30 嘆 [ア 口 イ 艹 ウ 大 エ 二]
ヒント 気落ちしてため息をつくという意味の漢字。

31 範 [ア 車 イ 竹 ウ 一 エ 巳]

32 興 [ア 冂 イ 臼 ウ 一 エ 八]

33 弾 [ア 弓 イ ツ ウ 田 エ 十]
ヒント もともとは、石やたまなどをはじきとばすという意味の漢字。

34 露 [ア 雨 イ 足 ウ 夂 エ 口]

35 瞬 [ア ツ イ 一 ウ 夕 エ 目]

36 健 [ア 聿 イ 亻 ウ 一 エ 廴]

37 戯 [ア 虍 イ 戈 ウ ト エ 厂]

---

### ONE Point

**部首の呼び名が異なる漢字はどれ？**

① 含・善・叫・可・史…（くち）
② 布・帰・市・帳・師…（はば）

（答え ①善 ②帰）

53

# 漢字の部首

## 練習2

**1** 次の漢字の**部首**を下のア〜エから選び、（ ）にその**記号**を記せ。

1. 倒［ア イ　イ 至　ウ 土　エ リ］（　）
2. 紫［ア 比　イ ヒ　ウ 糸　エ 小］（　）
3. 隷［ア 士　イ 示　ウ 隶　エ 小］（　）
4. 隣［ア 米　イ タ　ウ 阝　エ 舛］（　）
5. 麗［ア 广　イ 鹿　ウ 比　エ 匕］（　）
6. 響［ア 幺　イ 阝　ウ 音　エ 日］（　）
7. 夏［ア 一　イ 自　ウ ノ　エ 夂］（　）
8. 両［ア 一　イ 冂　ウ 山　エ 丨］（　）
9. 搬［ア 舟　イ 扌　ウ 殳　エ 又］（　）
10. 般［ア 舟　イ 几　ウ 殳　エ 又］（　）
11. 装［ア ン　イ 士　ウ 冖　エ 衣］（　）
12. 壁［ア 尸　イ 口　ウ 土　エ 辛］（　）
13. 利［ア ノ　イ 木　ウ 禾　エ リ］（　）
14. 鼓［ア 士　イ 豆　ウ 支　エ 鼓］（　）
15. 誉［ア ツ　イ 言　ウ 一　エ ハ］（　）
16. 員［ア 貝　イ 目　ウ ロ　エ ハ］（　）
17. 夜［ア 亠　イ イ　ウ タ　エ 丶］（　）
18. 就［ア 一　イ 口　ウ 尤　エ 犬］（　）
19. 井［ア 一　イ 二　ウ 丨　エ ノ］（　）
20. 飾［ア 人　イ 食　ウ 巾　エ 一］（　）
21. 受［ア 爫　イ 冖　ウ 冖　エ 又］（　）

| # | 漢字 | ア | イ | ウ | エ |
|---|---|---|---|---|---|
| 22 | 避 | 尸 | ロ | 辶 | 辛 |
| 23 注 | 幕 | 艹 | 日 | 巾 | 一 |
| 24 | 猛 | 犭 | 子 | 宀 | 皿 |
| 25 注 | 厳 | 丷 | 夂 | 厂 | 耳 |
| 26 | 幾 | 戈 | 幺 | 弋 | 人 |
| 27 難 | 裏 | 亠 | 田 | 里 | 衣 |
| 28 | 踏 | 𧾷 | 夂 | 日 | 小 |
| 29 | 繁 | 母 | 攵 | 糸 | |
| 30 | 脚 | 月 | 土 | ム | 卩 |
| 31 | 専 | 十 | 田 | 一 | 寸 |
| 32 難 | 髪 | 長 | 彡 | 彡 | 又 |
| 33 注 | 率 | 亠 | 幺 | 玄 | 十 |
| 34 | 寝 | 宀 | 宀 | 宀 | 又 |

| # | 漢字 | ア | イ | ウ | エ |
|---|---|---|---|---|---|
| 35 注 | 至 | 一 | ム | 土 | 至 |
| 36 | 獣 | 丷 | 犬 | 田 | 口 |
| 37 | 微 | 彳 | 山 | 一 | 攵 |
| 38 | 殖 | 歹 | タ | 十 | 目 |
| 39 | 単 | 丷 | 田 | 十 | 一 |
| 40 | 党 | イ | ロ | 宀 | 龸 |
| 41 難 | 豪 | 亠 | 長 | 宀 | 豕 |
| 42 難 | 舗 | 人 | 舌 | ロ | 用 |

**ONE Point**

漢字自体が部首になっている例

里→「里(さと)」
用→「用(もちいる)」
支→「支(し)」
毛→「毛(け)」
長→「長(ながい)」
革→「革(かくのかわ・つくりがわ)」

# 漢字の部首

## 練習2

2 次の漢字の**部首**を下のア～エから選び、（ ）にその**記号**を記せ。

1 箇 ［ア 竹　イ 口　ウ 口］
2 騒 ［ア 馬　イ 八　ウ 又］
3 到 ［ア 一　イ ム　ウ 至　エ 刂］
4 黙 ［ア 里　イ 黒　ウ 犬　エ 灬］
5 盗 ［ア 冫　イ 欠　ウ 人　エ 皿］
6 跡 ［ア 口　イ 𧾷　ウ 亠　エ 止］
7 怒 ［ア 一　イ 女　ウ 又　エ 心］
8 乗 ［ア ノ　イ 一　ウ 二　エ 木］
9 帽 ［ア 巾　イ 巾　ウ 日　エ 目］

10 執 ［ア 土　イ 十　ウ 干　エ 丶］
11 較 ［ア 車　イ 亠　ウ 八　エ 父］
12 裁 ［ア 土　イ 弋　ウ 戈　エ 衣］
13 撃 ［ア 車　イ 殳　ウ 又　エ 手］
14 幹 ［ア 十　イ 日　ウ 人　エ 干］
15 震 ［ア 一　イ 辰　ウ 雨　エ 辰］
16 端 ［ア 立　イ 山　ウ 一　エ 而］
17 準 ［ア 冫　イ ノ　ウ 隹　エ 十］
18 疑 ［ア ヒ　イ 矢　ウ 丶　エ 疋］
19 曇 ［ア 日　イ 雨　ウ 二　エ ム］
20 翼 ［ア 羽　イ 田　ウ 二　エ 八］
21 齢 ［ア 止　イ 米　ウ 歯　エ 个］
22 斜 ［ア 八　イ 二　ウ 小　エ 斗］

**3** 次の漢字の**部首**を（　）に記せ。

(例) 菜 ( 艹 )

1. 柔 (　)
2. 旬 (　)
3. 峠 (　)
4. 香 (　)
5. 狩 (　)注
6. 舞 (　)
7. 腐 (　)
8. 胴 (　)注
9. 雅 (　)
10. 慮 (　)

11. 互 (　)難
12. 玄 (　)
13. 額 (　)
14. 臨 (　)
15. 覧 (　)
16. 暇 (　)
17. 舟 (　)
18. 占 (　)
19. 徴 (　)
20. 登 (　)

21. 聖 (　)注
22. 鼻 (　)
23. 乾 (　)
24. 盾 (　)
25. 劣 (　)難
26. 兼 (　)注
27. 競 (　)注
28. 巨 (　)難

29. 旨 (　)難
30. 弐 (　)
31. 秀 (　)
32. 殿 (　)
33. 筋 (　)注
34. 丈 (　)注
35. 垂 (　)
36. 濁 (　)

---

**ONE Point**

漢字自体が部首になっているものはどれ？

① 星・是・旧・早・音・白・旨
② 点・為・馬・熟・黒・烈・照

①日・旨　②留・蛍

# 熟語の理解

## 漢検おもしろゼミ 03
## 「熟」した読みは「熟読」?

■ 熟語とは
二字以上の漢字を組み合わせたもので意味を区別・限定し、一定の意味を表す言葉。

### 漢字の組み合わせで広がる言葉の世界!

漢字は一字一字が意味を持つ表意文字です。その意味は広い範囲を指すことが多く、一字で「言葉」として使用するのは難しいため、二字以上の漢字を組み合わせることで意味を限定し、新しい「言葉」が作られてきました。

こうした一定の意味を表す漢字の組み合わせを「**熟語**」と呼びます。二字熟語、三字熟語、四字熟語などいろいろな形の熟語がありますが、二字熟語が中心となって、私たちの言葉の世界は広がりました。

例えば、「読」という漢字を使った熟語で考えてみましょう。

**黙読**…声に出さずに読むこと。
**通読**…ひと通りざっと読むこと。
**精読**…細部まで丁寧に読むこと。
**音読**…声に出して読むこと。
**乱読**…手当たり次第に読むこと。

本の読み方ひとつとっても、実にさまざまですね。タイトルに挙げた「熟読」も、「熟」した「読み方」という訳ではなく、読み方を表す熟語の一つです。この場合の「熟」は「詳しく、じっくりと」という意味です。これを「読む」に付加することで、「よく考えてじっくりと読むこと」を表す熟語になります。

熟語の知識、ひいては語彙力を育むには「読書」はとても有効な手段で

---

黙（だまって）
音（声に出して）
精（細部までていねいに）
読（読む）

## 熟語のいろいろな読み方

熟語の読み方には一定の法則があります。

(1) 上の字を音読みすれば下の字も音読みする。
(2) 上の字を訓読みすれば下の字も訓読みする。

　上の字が呉音なら下も呉音で、上が漢音なら下も漢音で、上が唐音なら下も唐音で読むという原則があります。ただし、それらが交ざった読みも多くあります。

　しかし例外も多く、音読みと訓読みを混用した「重箱読み」や「湯桶読み」、慣用音や当て字、熟字訓などの「慣用的な読み」などがあります。

**1 音読語**　上の字も下の字も音読みをする熟語
　(例)応援・記憶　※上記は呉音と漢音が交ざった読み方

**2 訓読語**　上の字も下の字も訓読みをする熟語
　(例)淡雪・手柄

**3 重箱読み**　上の字を音読み、下の字を訓読みする熟語
　(例)雑煮・座敷

**4 湯桶読み**　上の字を訓読み、下の字を音読みする熟語
　(例)身分・夕刊

**5 慣用的な読み**　慣用音や当て字、熟字訓などの特別な読み方
　(例)合戦・乙女

---

### ■音読語

**上下とも呉音で読むもの**
会釈（えしゃく）　修業（しゅぎょう）　金色（こんじき）　人間（にんげん）　黙認（もくにん）

**上下とも漢音で読むもの**
期間（きかん）　協会（きょうかい）　決定（けってい）　特色（とくしょく）　反省（はんせい）　など

**上下とも唐音で読むもの**
行脚（あんぎゃ）　行灯（あんどん）　提灯（ちょうちん）　払子（ほっす）

**上を呉音、下を漢音で読むもの**
境界（きょうかい）　時間（じかん）　自由（じゆう）　内外（ないがい）　無職（むしょく）　など

**上を漢音、下を呉音で読むもの**
越境（えっきょう）　感情（かんじょう）　承認（しょうにん）　権限（けんげん）　東西（とうざい）　など

### ■訓読語
荒波（あらなみ）　奥底（おくそこ）　親子（おやこ）　小鳥（ことり）　月夜（つきよ）　名前（なまえ）
初恋（はつこい）　鼻血（はなぢ）　広場（ひろば）　床下（ゆかした）　夜露（よつゆ）　など

### ■重箱読み（上が音、下が訓）
縁組（えんぐみ）　王手（おうて）　額縁（がくぶち）　地声（じごえ）　仕事（しごと）　親身（しんみ）
素顔（すがお）　台所（だいどころ）　団子（だんご）　茶柱（ちゃばしら）　幕内（まくうち）　など

### ■湯桶読み（上が訓、下が音）
雨具（あまぐ）　消印（けしいん）　小僧（こぞう）　金具（かなぐ）　酒代（さかだい）　敷布（しきふ）
手本（てほん）　野宿（のじゅく）　店番（みせばん）　家賃（やちん）　湯気（ゆげ）　など

### ■慣用的な読み
仮病（けびょう）　黄金（こがね）　歳暮（せいぼ）　境内（けいだい）　深紅（しんく）　昨日（きのう）
七夕（たなばた）　など

## 熟語の構成と意味の理解

熟語が表意文字である漢字を二字以上組み合わせて構成されていることは、前のページまでで説明した通りです。知らない熟語に出会ったとき、漢字の意味と熟語の構成（組み立て）を考えると、熟語のおおよその意味を推測することができます。

熟語の構成（組み立て）は、おおむね次のように分類できます。

### １ 同じような意味の漢字を重ねたもの

● 同じ漢字を重ねて様子や状態を表すもの

「代代」「刻刻」などがこれにあたります。「代々」のように、踊り字（々）を使って書くこともできます。

● 同じような意味の漢字を重ねて互いに意味を補い合うもの

この構成の熟語は多く、どちらかの漢字の意味がわかると、熟語の意味もだいたい見当がつきます。

・物の名を表す漢字を重ねたもの　　（例）樹木　森林
・動作を表す漢字を重ねたもの　　　（例）建設　尊敬
・物のありさまや性質を表す漢字を重ねたもの　（例）善良　軽薄

### ２ 反対または対応の意味を表す漢字を組み合わせたもの

● 物のありさまや性質を表す漢字を組み合わせたもの　（例）高低　苦楽
● 動作を表す漢字を組み合わせたもの　（例）攻守　送迎
● 物の名を表す漢字を組み合わせたもの　（例）心身　主従

---

■ 熟語の組み立て方の例

① 同じような意味の漢字を重ねたもの

● 同じ漢字を重ねて様子や状態を表す熟語

少少　個個　再再　刻刻　続続　堂堂
淡淡　洋洋　朗朗　歴歴

● 同じような意味の漢字を重ねて互いに意味を補い合う熟語

・物のありさまや性質を表す漢字を重ねた熟語

豊富　永久　濃厚　新鮮　清潔
詳細　珍奇　平凡　優秀　鋭敏　精密

・動作を表す漢字を重ねた熟語

言語　禁止　圧迫　依頼　勤務　映写
過去　分割　満足　繁栄

・物の名を表す漢字を重ねた熟語

岩石　河川　絵画　宮殿　身体　皮膚
道路　機器　陰影

② 反対または対応の意味を表す字を重ねたもの

● 物のありさまや性質を表す漢字を組み合わせた熟語

善悪　軽重　寒暑　有無　濃淡　清濁
安危　難易　細大　厚薄

この構成に分類されるのは、相反する二つの意味を対照的に表す熟語が大半ですが、どちらか一つの漢字の意味だけを表す熟語や、元の意味から転じて別の意味を表す熟語もありますので、注意が必要です。

(例) 黒白 (物の善し悪し)
　　 動静 (人や物事の活動の様子)
　　 始終 (いつも)
　　 異同 (異なっているところ、違い)

**3 上の字が下の字を修飾しているもの**

修飾と被修飾の関係にあり、上から下へ読むと、熟語のおおよその意味がわかります。

● 上の字が下の字を連体修飾するもの
　(例) 国歌 (→国の歌)　深海 (→深い海)
● 上の字が下の字を連用修飾するもの
　(例) 楽勝 (→楽に勝つ)　予告 (→予め告げる)

**4 下の字が上の字の目的語・補語になっているもの**

「…を〜する」「…に〜する」というように、下から上へ読むと、熟語のおおよその意味がわかります。

(例) 握手 (→手を握る)　乗車 (→車に乗る)

---

● 動作を表す漢字を組み合わせた熟語
　取捨　集散　浮沈　断続　去来　授受
　贈答　貸借　発着

● 物の名を表す漢字を組み合わせた熟語
　表裏　今昔　師弟　縦横　賞罰

③ 上の字が下の字を修飾する熟語
● 上の字が下の字を連体修飾する熟語
　会員　美談　罪人　漢字　胃液　品質
　洋画　脳波　物価　銀幕　麦芽　急病
　新人　悪役　晩秋　重罪
● 上の字が下の字を連用修飾する熟語
　安眠　早熟　黙認　重視　永住　先発　互助
　遠征　厳禁　急増　晩成　再会　激突　予知

④ 下の字が上の字の目的語・補語になっているもの
　越年　延期　開会　加熱　改心　観劇
　脱皮　求婚　護身　握手　追跡　始業
　指名　失明　執務　開幕　遅刻　出題
　尽力　点火　避難　増税　登頂　保健

## 三字の熟語の組み立て方

三字の熟語は、そのほとんどが二字の熟語の上か下に漢字が一字ついてできています。

**1** もとの熟語に新たな意味が付加されたもの
● 上に漢字が一字ついたもの

**5** 上の字が下の字の意味を打ち消しているもの
上に「不」「無」「未」「非」など、打ち消し（否定）の意味を表す漢字がついて、下の漢字の意味を打ち消します。
（例）不備　無数　未完　非常

**6** 上の字が主語、下の字が述語になっているもの
（例）雷鳴（→雷が鳴る）

**7** 「然」「的」などの接尾語が下についたもの
上の字の意味に基づいて、そのような状態・性質・傾向であることを表します。
（例）平然　美的

**8** 三字以上の熟語を略したもの（略語）
（例）定休（定期休業）
学割（学生割引）
特急（特別急行）
原爆（原子爆弾）
私鉄（私営鉄道）

**⑤** 上の字が下の字の意味を打ち消しているもの
●「不」がついた熟語
不純　不慮　不潔　不服
不断　不徳　不義　不興　不要　不振
不徳　不義　不興　不要　不振
不純　　　　　　　　　　　　不当
●「無」がついた熟語
無為　無恥　無尽　無量　無数
●「未」がついた熟語
未明　未開　未刊　未婚　未収　未熟
未然　未知　未着　未定
●「非」がついた熟語
非番　非才　非情　非凡

**⑥** 上の字が主語、下の字が述語になっているもの
地震　人造　国立　私製　官選

**⑦** 「然」「的」などの接尾語が下についたもの
●「然」がついた熟語
断然　純然　判然　漫然　歴然　騒然
端然
●「的」がついた熟語
法的　病的　物的　静的　動的　詩的

「定」+「位置」で「定位置」となる形です。

● 下に漢字が一字ついたもの

「自尊」+「心」で「自尊心」となる形です。

② 否定の意味を表す漢字が上についたもの

「不本意」「無責任」「非常識」「未完成」のように「不」「無」「非」「未」などが下の熟語の意味を打ち消す形のものです。

《注意すべき語例》

「非常口」…「非常」+「口」→ 非常時の出口

「未知数」…「未知」+「数」→ まだ知られていない数

③ 接尾語が下についたもの

「協調性」「効果的」など、「性」「的」「化」などの接尾語がつく形です。

④ 漢字が三字対等に重ねられたもの

「衣」+「食」+「住」で「衣食住」となる形です。

※熟語で、前に来る漢字(一字目)を「上の字」、後に来る漢字(二字目)を下の字としています。

■ 三字の熟語の組み立て方の例

① もとの熟語に新たな意味が付加されたもの

● 上に漢字が一字ついた熟語

再確認　最高潮　夢心地　低気圧
小規模　高性能　大自然　美意識
微生物　手荷物　初対面　密貿易

● 下に漢字が一字ついた熟語

人類学　専門家　安心感　調査官
最大限　必需品　善後策　報道陣
性善説

② 否定の意味を表す漢字が上についたもの

不始末　不合理　不名誉　不首尾
無作法　無意識　無感覚　無造作
非人情　非分別　非公開　非合法
未開拓　未経験　未解決　未成年

③ 接尾語が下についたもの

人間性　国民性　社交性　必然性
標準的　道徳的　本格的　通俗的
楽観的　図案化　合理化　長期化
機械化　習慣化

④ 漢字が三字対等に重ねられたもの

大中小　天地人　松竹梅　陸海空

## 熟語の理解

### 熟語の構成

## ウォーミングアップ

実施日 ／

解答は別冊P.10

**1** 次の各文の意味を表す熟語を、それぞれ文中にある漢字を使って□に記せ。

（例）岩と石。 → 岩石

1 当選と落選。 →□□
2 漁業をする水域、場所。 →□□
3 家庭の外でとる食事。 →□□
4 劇の上演が終わること。 →□□
5 会議や討議する事がらの題目。 →□□
6 現在の状態。 →□□
7 病気で苦しむ災難。 →□□
8 時刻に遅れる。 →□□

**2** 次の□には──線の漢字を打ち消す（否定する）意味の漢字が入る。（　）の中にその漢字を記せ。

（例）□念の死をとげる。 （無）

1 夜空には□数の星が輝く。
2 会合の詳しい日時は□定です。
3 □覚にも涙が出た。
4 □来は無限の可能性がある。
5 □測の事態が起こった。
6 考えられる問題は□然に防ぐ。
7 □知の世界に足を踏み入れる。
8 □当な扱いを受けて激怒する。
9 □合法な手段で入国する。
10 問題は□解決のままだ。
11 書類の□備を指摘された。
12 火の□始末には気をつける。

64

# 熟語の構成 練習1

## 1
熟語の構成のしかたには次のようなものがある。

ア 同じような意味の漢字を重ねたもの　（岩石）
イ 反対または対応の意味を表す字を重ねたもの　（高低）
ウ 上の字が下の字を修飾しているもの　（洋画）
エ 下の字が上の字の目的語・補語になっているもの　（着席）
オ 上の字が下の字の意味を打ち消しているもの　（未熟）
カ 主語と述語の関係にあるもの　（国立）

次の熟語は、ア～カのどれにあたるか。（　）の中に記号で記せ。

1 栄枯（　）
2 物価（　）　意味 物の値段。
3 求婚（　）
4 道路（　）
5 雷鳴（　）
6 濃淡（　）
7 握手（　）
8 珍事（　）

9 避難（　）
10 援助（　）
11 善悪（　）
12 年少（　）
13 香水（　）
14 恐怖（　）　ヒント 敬意を表す意味だが、どんな行動か考える。
15 脱帽（　）
16 不眠（　）

## ONE Point

「山川」は「山」と「川」が対等このような熟語は、『「山」と「川」』のように「と」を入れて意味を考えましょう。

## 熟語の理解 — 熟語の構成 練習2

**1** 熟語の構成のしかたには次のようなものがある。

ア 同じような意味の漢字を重ねたもの　（岩石）
イ 反対または対応の意味を表す字を重ねたもの　（高低）
ウ 上の字が下の字を修飾しているもの　（洋画）
エ 下の字が上の字の目的語・補語になっているもの　（着席）
オ 上の字が下の字の意味を打ち消しているもの　（未熟）
カ 主語と述語の関係にあるもの　（国立）

次の熟語は、ア〜カのどれにあたるか。（　）の中に記号で記せ。

1 兼任
2 更衣
3 装飾
4 未踏
5 経緯
6 迎春
7 鎖国
8 乾季
9 無為
10 首尾
11 人造
12 猛獣
13 詳細
14 執筆
15 雌雄
16 恩恵
17 鉄塔
18 自他
19 増殖
20 奇縁
21 贈答
22 因果
23 破戒
24 天授

| 25 抜群 | 26 側壁(難) | 27 建設 | 28 授受(注) | 29 未婚 | 30 不朽 | 31 積載 | 32 乾燥 | 33 気絶 | 34 抜歯 | 35 不振 | 36 興亡 |

| 37 光輝 | 38 欄外(難) | 39 民謡 | 40 思慮 | 41 繁茂 | 42 就寝 | 43 越権(難) | 44 甘酸 | 45 捕獲 | 46 秀峰 | 47 製菓 | 48 加療 |

| 49 堅固(難) | 50 未詳 | 51 脱皮 | 52 筆跡 | 53 是非 | 54 乾杯(難) | 55 弾力 | 56 鋭敏 |

| 57 瞬間 | 58 日照 | 59 浸水 | 60 歓声 | 61 功罪 | 62 即決 | 63 敏腕 | 64 不慮 |

## ONE Point

**熟語の構成を見分けよう①「永久」**

熟語「永久」は「永」も「久」も「ながい・いつまでも」と同じような意味があるので「同じような意味の漢字を重ねたもの」になります。

## 熟語の理解

## 熟語の構成 練習2

### 2

次の□には──線の漢字と似た意味の漢字が入る。その漢字を後の□の中から選んで**熟語を作り**、（　）にその記号を記せ。

1. 見事に賞品を□得した。
2. 相手の□争心をあおる。
3. □大な建物が林立している。
4. 新□な魚介類が手に入った。
5. 地方を□回して公演する。
6. 脂□分の少ない牛乳を買う。
7. 食物に防腐剤を□加する。
8. 将来に備えて貯□する。

ア 巨　イ 鮮　ウ 添　エ 肪
オ 闘　カ 蓄　キ 獲　ク 巡

### 3

次の□には──線の漢字と反対の意味の漢字が入る。その漢字を後の□の中から選んで**熟語を作り**、（　）にその記号を記せ。

1. □速なく作業を進めた。
2. □社の浮□にかかわる一大事だ。
3. □守ともに優れている選手だ。
4. □続的に雨が降っている。
5. 問題に□易の差がありすぎる。
6. 客を自動車で送□する。
7. 月により収入が増□する。
8. 賞□の基準を明確にする。

ア 迎　イ 断　ウ 難　エ 遅
オ 沈　カ 罰　キ 攻　ク 減

**4** 次の熟語と同じ構成でできている熟語を下のア～エから選び、（ ）にその記号を記せ。

1 香料 ［ア開幕　イ加減　ウ激突　エ攻防］（ ）
2 得失 ［ア優劣　イ恒常　ウ全壊　エ攻防］（ ）
3 離合（注）［ア進退　イ遠征　ウ出荷　エ斜面］（ ）
4 不惑 ［ア偉業　イ即位　ウ油脂　エ未納］（ ）
5 強豪 ［ア奇数　イ汚濁　ウ失恋　エ仰天］（ ）
6 発汗 ［ア比較　イ年長　ウ延期　エ重罪］（ ）
7 跳躍 ［ア攻守　イ拍手　ウ休暇　エ胃液］（ ）

8 家紋 ［ア秘宝　イ起床　ウ不備　エ越境］（ ）
9 皮膚 ［ア意志　イ偉人　ウ鋭角　エ汚職］（ ）
10 及落 ［ア存亡　イ違反　ウ県営　エ避暑］（ ）
11 需給（難）［ア耐震　イ離陸　ウ樹齢　エ雅俗］（ ）
12 尋問 ［ア過誤　イ追跡　ウ遠近　エ荒野］（ ）
13 着脱 ［ア屈指　イ運搬　ウ陰陽　エ寝台］（ ）
14 整髪 ［ア握力　イ迫真　ウ集散　エ安眠］（ ）

> **ONE Point**
> 熟語の構成を見分けよう② 「天授」
> 熟語「天授」は「天が授ける」と考え、上の「天」の動作を下の「授」が述べており、「主語と述語の関係にあるもの」になります。

## 熟語の理解

### 1 熟語の作成

## ウォーミングアップ

次の□に入る適切な漢字を後の□の中から選び、四つの熟語を完成せよ。

実施日　／

解答は別冊P.12

**1**
特／象□収／候

**2**
講／注□放／明

**3**
多／繁□中／殺

**4**
権／猛□厳/勢

**5**
出／敵□頭／営

**6**
相／差□約／反

**7**
世／踏□来／名

**8**
波／指□様／章

釈　違　尾
　　徴　忙　襲　威
　　紋　互　陣

# 熟語の作成 練習1

## 1
次の漢字と後の☐の漢字を組み合わせて二字の熟語を作り、☐☐に記せ。☐の漢字は上でも下でもよい。

1. 暇
2. 隷
3. 露 [ヒント:「あらわれる」という意味もある。]
4. 匹 [ヒント:「二つがならぶ」という意味もある。]
5. 頼

6. 傍
7. 盤
8. 光 [ヒント:この「光」は日・昼の意。月・夜の意を持つ漢字とて時間の意の熟語を作る。]
9. 号
10. 替

☐ 代 依 敵 怒 陰
　 属 基 寸 路 出

## 2
次の漢字と組み合わせて二字の熟語が作れる漢字を後の（　）からすべて選び、その漢字を☐に記せ。☐の漢字は何度選んでもよく、また上でも下でもよい。

1. 搬 [意味:運ぶ。移す。]
2. 却
3. 歓 [意味:よろこぶ。親しむ]
4. 及 [意味:はさまる。助ける。]
5. 介

（ 追 入 売 言 談 紹 出 待 受 波 下 在 ）

---

**ONE Point**

**熟語の構成を見分けよう ③ 「小鳥」**

熟語「小鳥」は「小さい鳥」と考え、上の「小」が下の「鳥」を連体修飾しているので「上の字が下の字を修飾するもの」になります。

# 熟語の理解

## 練習2

### 1 1～5の三つの □ に共通する漢字を入れて熟語を作れ。漢字はア～コから選び、（ ）にその記号を記せ。

1. □身・路□・□車　（ ）
2. □齢・□夜・□歳　（ ）
3. □体・□現・□敬　（ ）
4. 確□・□心・□行　（難）（ ）
5. 道□・極□・突□　（ ）

ア 月　イ 信　ウ 端　エ 執　オ 胴
カ 頭　キ 具　ク 肩　ケ 年　コ 理

### 2 1～5の三つの □ に共通する漢字を入れて熟語を作れ。漢字はア～コから選び、（ ）にその記号を記せ。

1. □目・□勤・□無　（ ）
2. □言・□英・□油　（ ）
3. 悪□・□称・□世　（ ）
4. □下・□起・□寝　（ ）
5. □泊・枯□・冷□　（難）（ ）

ア 却　イ 劣　ウ 網　エ 断　オ 淡
カ 継　キ 皆　ク 宿　ケ 床　コ 俗

**3** 1〜5の三つの□に共通する漢字を入れて熟語を作れ。漢字はア〜コから選び、（　）にその**記号**を記せ。

1　□水・□点・□清
2　投□・□絵・□陰
3　狂□・□物・□然
4　□与・□月・□天　【難】
5　□角・□感・□痛

ア 汚　イ 下　ウ 喜　エ 賦　オ 濁
カ 給　キ 騒　ク 影　ケ 鋭　コ 鈍

**4** 1〜5の三つの□に共通する漢字を入れて熟語を作れ。漢字はア〜コから選び、（　）にその**記号**を記せ。

1　□査・□舞・□雑
2　額□・□談・□倒　【注】
3　捕□・□物・□浸
4　□会・□拡・□散　【難】
5　□手・□子・□車

ア 食　イ 縁　ウ 踏　エ 大　オ 散
カ 握　キ 獲　ク 面　ケ 検　コ 拍

> **ONE Point**
> 熟語の構成を見分けよう④　「納品」
> 熟語「納品」は「品を納める」と読めるので「下の字が上の字の目的語・補語になっているもの」になります。

# 熟語の理解

## 熟語の作成 練習2

解答は別冊P.13

### 5

1～5の三つの□に**共通する漢字**を入れて熟語を作れ。漢字はア～コから選び、（ ）にその**記号**を記せ。

1. □説・□力・□遊 （ ）
2. 処□・□則・□金 （ ）
3. □価・□路・□市 （ ）
4. 熱□・□鮮・□猛 （ ）
5. 鉄□・□煙・□弾 （ ）

ア 原　イ 血　ウ 噴　エ 砲　オ 浮
カ 解　キ 評　ク 罰　ケ 販　コ 烈

### 6

1～5の三つの□に**共通する漢字**を入れて熟語を作れ。漢字はア～コから選び、（ ）にその**記号**を記せ。

1. □道・□装・□店 （ ）
2. 苦□・不□・□熟 （ ）
3. 切□・□力・□堅 （ ）
4. □状・□告・□起 （ ）
5. □着・□情・□味 （ ）

ア 言　イ 迫　ウ 愛　エ 実　オ 舗
カ 歩　キ 薄　ク 慮　ケ 惨　コ 訴

**7** 次の漢字と下のa〜fの漢字を組み合わせて熟語を作る場合、**熟語とならない漢字**が一つだけある。その漢字を記号で答えよ。
（a〜fの漢字は上でも下でもよい。）

1. 敏 [a 過 b 速 c 腕 d 機 e 軽 f 感]
2. 妙 [a 変 b 齢 c 軽 d 神 e 奇 f 案]
3. 屈 [a 強 b 不 c 理 d 従 e 発 f 指]
4. 趣 [a 味 b 旨 c 雅 d 好 e 野 f 意]
5. 侵 [a 攻 b 害 c 入 d 略 e 犯 f 透]
6. 鑑 [a 視 b 賞 c 査 d 図 e 札 f 名]
7. 認 [a 容 b 黙 c 非 d 誤 e 追 f 可]
8. 漫 [a 然 b 散 c 談 d 自 e 放 f 遊]
9. 触 [a 感 b 発 c 筆 d 覚 e 低 f 接]
10. 雄 [a 英 b 士 c 図 d 飛 e 偉 f 花]
11. 含 [a 内 b 包 c 実 d 有 e 味 f 蓄]
12. 途 [a 航 b 端 c 用 d 別 e 次 f 前]
13. 躍 [a 進 b 飛 c 勇 d 動 e 暗 f 気]
14. 摘 [a 記 b 合 c 指 d 要 e 録 f 出]

---

**ONE Point**

**音訓を使いこなして熟語を作成**

二字熟語の多くは音読みどうしの組み合わせですが、時に訓読みとセットになる場合があります。訓読みでも考えてみてください。

# 対義語・類義語

## おもしろゼミ 04 漢検

### セットで覚えて語彙力アップ！

## 「借りる」の反対は「貸す」？「返す」？

「対義語」とは、意味が反対になる語のセットをいいます。では「借りる」の対義語は何でしょうか？「貸す」でしょうか？「返す」でしょうか？

実は、「貸す」「返す」ともに「借りる」の対義語です。「貸す」に対して、借りた本人の視点で見ると反対の行動は「返す」になります。しかし、「借りる」人もいれば「貸す」人もいます。つまり、人間関係という視点で見ると「借りる」の反対は「貸す」になります。つまり、対義語は何を視点の基準とするかによって変わり、一対で出来上がるものばかりではないというわけです。

また「古い」と「新しい」は反対の意味です。しかし「古」と「新」を含んでいるにも関わらず、「古書」と「新鋭」は対義語ではありません。「古書」に対しては"本"の意味を含む「新書」、「新鋭」に対しては"経験と力量"の意味を含む「古豪」が対義語になります。このように、熟語どうしの間に何か共通の意味がなければ対義語として成立しないのです。

このように、ある語の対義語を考えるときには、さまざまな角度から考えて適切な語を選ばなければいけません。そのためにも、国語力や語彙力を日ごろからみがいておきましょう。

---

■ 対義語は一対とは限らない

借りる
＝借用

貸し借りの方向　　借り主の行動

貸す　　　　　　　返す
＝貸与　　　　　　＝返却

漢語になっても対義語の関係になる。

## 対義語

「対義語」といっても、単純にひとくくりにできるものではありません。漢検では次にように説明する「反対語（反意語）」と「対応語（対照語）」を合わせて「対義語」としています。

### 1 反対語（反意語）

互いに反対の意味を持つ言葉（熟語）

「生⇔死」のように、一方を否定すれば必ず他方になるもの、「大きい⇔小さい」や「難解⇔平易」など、程度の差を表す場合があります。ほかにも、「受領⇔授与」や「黙秘⇔供述」のように、一つの事柄を見る方や立場、行動を反対にして表現するものもあります。

### 2 対応語（対照語）

互いに対応して一対のものとなっている言葉（熟語）

「天」と「地」、「北極」と「南極」など、対になる言葉のセットです。これらの語は組み合わさって一つの対となります。

### 3 対義語の構成

● 共通の漢字があるもの
・上の字が反対または対応する意味で、下の字が共通しているもの
　豊作⇔凶作　清流⇔濁流　開店⇔閉店　など
・上の字が共通していて、下の字が反対または対応する意味のもの
　完勝⇔完敗　最低⇔最高　輸入⇔輸出　など
● 共通の漢字がないもの
・上下の漢字がそれぞれ反対または対応する意味のもの
　優良⇔劣悪　増進⇔減退　開放⇔閉鎖　など

### ■ 対義語の例

死ぬ＝死亡
生きる＝生存
生まれる＝出生・誕生

一生の最初と最後
対照的な状態

● 共通の漢字があるもの
・上の字が反対または対応する意味で、下の字が共通しているもの
　強者⇔弱者　善人⇔悪人
　増収⇔減収　単数⇔複数
・上の字が共通していて、下の字が反対または対応する意味のもの
　歓送⇔歓迎　最長⇔最短
　転入⇔転出　年末⇔年始
● 共通の漢字がないもの
・上下の字がそれぞれ反対または対応する意味のもの
　拡大⇔縮小　利益⇔損失
・上下のいずれの字も対応していないもの
　理性⇔感情　地味⇔派手

### 類義語

- 上下のいずれの字も対応していないもの

憶測 ⇔ 確信　人為 ⇔ 自然　義務 ⇔ 権利　など

- 友達＝友人　入手＝取得　決める＝決定

「類義語」とは「似た意味の言葉」です。この三組が「類義語」になることはおわかりでしょう。しかしながら、一口に「類義語」といっても意味が全く同じ場合もあれば、共通の意味を持つものの使用場面は異なる場合など、対義語よりも広い範囲で語句どうしがつながっています。漢検では次に説明する「同義語」と「類義語」を合わせて「類義語」としています。

### 1 同義語（同意語）

意味が同じ言葉（熟語）

（例）友達＝友人　永遠＝永久　など

ただし、いくら意味が同じとはいっても、「友達」は日常的な場面で使用し、「友人」はかしこまった場面で使用するという微妙なニュアンスの違いが見られます。極端な例を出すと、「父」や「お父さん」「パパ」は全く同じ意味ですが、使用場面によって使い分ける必要があります。このように「同義語」といえども、実際の活用場面ではその場にふさわしい語を選べるよう、語意を正確に学ぶようにも気を配りましょう。

また、「永遠」「永久」も「いつまでも限りなく続くこと」と全く同じ意味を持ち、文章で使うときニュアンスの違いはありません。しかし、「永久磁石」や「永久欠番」など、別の語句と組み合わせる場合には、いずれかの語しか使えない場合があります。

### ■ 類義語の意味の広がり

- **同義語（同意語）**のニュアンスの違い
  - 父…「父は県庁に勤めている」
  - お父さん…「お父さんに聞きなさい」
  - パパ…「パパ、おこづかいちょうだい」

- **同義語（同意語）**は意味が同じ
  二つの言葉の意味は、ほぼ重なっている

永遠／永久
共通の意味 **いつまでも限りなく続く**

〜永久欠番

- **類義語**（意味が部分的に重なり合うもの）

取得／入手
共通の意味 **手に入れる**
免許／情報

間隔／距離
共通の意味 **へだたり**

## ❷ 類義語 二つの熟語の意味が互いに類似している言葉(熟語)

● 部分的に重なり合うもの

(例) 入手＝取得　距離＝間隔　など

「入手」と「取得」はともに「あるものを手に入れる」という意味です。では、次の文の○○には「入手」「取得」のどちらが入るでしょうか。

① 免許を○○する。
② 情報を○○する。

①の免許が「取得」で、②の情報が「入手」です。逆にするとおかしな文になります。これは「手に入れる」という同じ意味を持つ熟語であっても、何を手に入れるかによってどちらを使うのが適切かが決まるからです。

「入手」は「手に入れること。自分のものにすること」に対し、「取得」は「自分の所有とすること。ある資格や権利などを自分のものとして得ること」という微妙な意味の違いがあり、どちらを使うかは文脈によって決まってくるのです。

● 一方が他方に含まれるもの

(例) 決める＝決定　認める＝公認　など

日本語(和語)の「決める」は漢語の「決定」と意味が共通します。さらには「決心」「決意」「決断」など、非常に多くの語とも意味が共通しています。「決める」であればどんな文でも意味が通じますが、それぞれの漢語では意味が限定されるため、文の意味が通じなくなることがあります。例えば、「会議の日時を決定する」「なかなか決心がつかない」などとは使いません。このように、一方の言葉の意味が他方の言葉の意味をすっぽり包んでいる場合も、類義語の関係といえます。

● 類義語 (一方が他方に含まれるもの)

決める
- 決定
- 決心
- 決意
- 決断

それぞれの漢語が表す内容は限定的。

→ ✕ 「会議の日時を決心する」
→ ◯ 「会議の日時を決定する」
  ✕ 「なかなか決意がつかない」
  ◯ 「なかなか決心がつかない」

## 3 類義語の構成

● 共通の漢字があるもの
・上の字が似た意味を持ち、下の字が共通のもの
  希望＝願望　母国＝祖国　など
・上の字が共通で、下の字が似た意味を持っているもの
  性格＝性質　予想＝予測　など
● 共通の漢字がないもの
  短所＝欠点　役目＝任務　など

　類義語は大変幅が広く、一対とは限りません。複数の語が類義語の関係となっている場合もたくさんあります。
　また、日本語はほかの言語よりも類義語が多いといわれています。というのは、古来から日本で使われてきた「和語」だけでなく、中国から伝わった漢字をもとにした「漢語」、また外国の言葉をそのまま日本語として使用する「外来語」もあるからです。そのため、同じ内容を指す異なる言葉が数多く存在しているのです。ただし、すべての語が同じニュアンスで使用されるとは限らないので、こちらも語意を正しく覚える必要があります。

● 和語どうしの類義語もある
・いえ＝すまい
・うつくしい＝きれいだ

■ 類義語の構成
● 共通の漢字があるもの
・上の字が似た意味を持ち、下の字が共通のもの
  考慮＝配慮　自筆＝直筆
・上の字が共通で、下の字が似た意味を持っているもの
  温順＝温和　賛成＝賛同
● 共通の漢字がないもの
  傾向＝風潮　使命＝任務

■ 類義語が複数あるもの
  日常＝平素＝平生（へいぜい）＝平常
  注目＝注視＝注意＝関心

# 知っておきたい対義語・類義語一覧

## 対義語

- 一致⇔相違
- 温和⇔乱暴
- 拡大⇔縮小
- 希薄⇔濃密
- 困難⇔容易
- 攻撃⇔防御
- 決定⇔保留
- 継続⇔中断
- 巨大⇔微細
- 消費⇔貯蓄
- 濁流⇔清流
- 徴収⇔納入
- 抵抗⇔服従
- 悲嘆⇔歓喜
- 複雑⇔単純
- 返却⇔借用
- 猛暑⇔厳寒

- 陰性⇔陽性
- 加熱⇔冷却
- 確信⇔憶測
- 起床⇔就寝
- 凶作⇔豊作
- 警戒⇔油断
- 兼業⇔専業
- 航行⇔停止
- 需要⇔供給
- 親切⇔冷淡
- 脱退⇔加盟
- 追跡⇔逃亡
- 破壊⇔建設
- 病弱⇔丈夫
- 分離⇔結合
- 保守⇔革新
- 利益⇔損失

- 応答⇔質疑
- 回避⇔直面
- 歓声⇔悲鳴
- 却下⇔受理
- 強固⇔薄弱
- 軽率⇔慎重
- 故意⇔過失
- 高雅⇔低俗
- 出発⇔到着
- 進撃⇔退却
- 短縮⇔延長
- 定期⇔臨時
- 繁雑⇔簡略
- 不振⇔好調
- 閉鎖⇔開放
- 末尾⇔冒頭
- 離脱⇔参加

## 類義語

- 運搬=輸送
- 及第=合格
- 屈指=抜群
- 考慮=思案
- 支度=準備
- 手本=模範
- 前途=将来
- 対等=互角
- 沈着=冷静
- 薄情=冷淡
- 不朽=永遠
- 冒頭=最初
- 欠点=短所=難点
- 静観=傍観=座視
- 丹念=入念=周到=細心
- 技量=技能=手腕=力量
- 死亡=死去=物故=他界=永眠=絶命=往生

- 縁者=親類
- 巨木=大樹
- 健康=丈夫
- 根拠=理由
- 釈明=弁解
- 推量=憶測
- 即刻=早速
- 値段=価格
- 追憶=回想
- 反撃=逆襲
- 風刺=皮肉
- 本気=真剣
- 向上=進歩=発展
- 処理=処置=始末
- 精密=綿密=詳細=委細
- 運搬=運送=輸送

- 介抱=看護
- 近隣=周辺
- 健闘=善戦
- 高齢=老年
- 専有=独占
- 対照=比較
- 長者=富豪
- 熱狂=興奮
- 備蓄=貯蔵
- 変更=改定
- 用心=警戒
- 手柄=功績

# ウォーミングアップ

## 対義語・類義語

実施日 ／

解答は別冊P.13・14

### 1

次の組み合わせが**対義語**の関係になるように、□にあてはまる**漢字**を下の［　］から選び、（　）に記せ。

1 古豪―新□（　）
2 経度―□度（　）
3 不和―円□（　）
4 破壊―□設（　）
5 無口―多□（　）
6 特別―□通（　）
7 合致―相□（　）
8 野党―□党（　）

［規・興・鋭・鮮］
［緯・温・高・速］
［周・盤・熟・満］
［新・建・改・増］
［弁・彩・様・勢］
［不・普・交・開］
［当・応・対・違］
［政・徒・与・悪］

### 2

次の熟語の**対義語**を後の□から選び、（　）に記せ。

1 黙秘―（　）
2 感情―（　）
3 守備―（　）
4 全休―（　）
5 生産―（　）
6 地味―（　）
7 保守―（　）
8 一見―（　）
9 継続―（　）
10 子孫―（　）
11 応答―（　）
12 冷却―（　）

攻撃・熟視・消費・質疑・皆勤・加熱
革新・自白・派手・理性・先祖・中断

**3** 次の組み合わせが**類義語**の関係になるように、□にあてはまる**漢字**を下の[　]から選び、（　）に記せ。

1 冷静―□着　[到・沈・決・先]（　）
2 本気―真□　[理・正・剣・心]（　）
3 案内―先□　[任・着・途・導]（　）
4 大樹―□木　[香・草・材・巨]（　）
5 便利―重□　[大・宝・要・複]（　）
6 役目―□務　[義・任・事・兼]（　）
7 地道―□実　[切・堅・現・確]（　）
8 火急―□迫　[切・気・圧・強]（　）
9 早速―□刻　[時・一・深・即]（　）
10 努力―□進　[推・精・先・栄]（　）

**4** 次の熟語の**類義語**を後の□□□から選び、（　）に記せ。

1 簡単―（　）
2 至上―（　）
3 手本―（　）
4 根拠―（　）
5 復活―（　）

6 苦労―（　）
7 悪評―（　）
8 腹心―（　）
9 用意―（　）
10 悪口―（　）

理由・難儀・中傷・容易・再生
片腕・模範・最高・汚名・準備

---

**ONE Point**

「**対義語**」について
反対語と対応語（P.77参照）を合わせて「対義語」といいます。二語を一対の熟語として覚えることが大切です。

# 練習1

## 対義語・類義語

**1** 次のア・イはそれぞれ対義語の関係になっている。アはその熟語の読みをひらがなで、イはカタカナを漢字に直して（　）に記せ。

1. ア 起床（　　）
   イ 就シン（　　）

2. ア 進撃（　　）
   イ 退キャク（　　）

3. ア 供給（　　）
   イ ジュ要（　　）

4. ア 利益（　　）
   イ ソン失（　　）
   ヒント 「ソン」は、「失」と同じような意味を持つ漢字。

5. ア 開放（　　）
   イ 閉サ（　　）

6. ア 除外（　　）
   イ 包ガン（　　）
   意味 包み込み、中にふくまれていること。

7. ア 軽率（　　）
   イ シン重（　　）

8. ア 濃縮（　　）
   イ 希シャク（　　）

9. ア 快楽（　　）
   イ 苦ツウ（　　）

10. ア 許可（　　）
    イ キン止（　　）

11. ア 高雅（　　）
    イ 低ゾク（　　）
    ヒント 二つの熟語は上下それぞれが対応している。

12. ア 断念（　　）
    イ シュウ着（　　）

## 2

次のア・イはそれぞれ類義語の関係になっている。アはその熟語の読みをひらがなで、イはカタカナを漢字に直して（　）に記せ。

1. ア 専有
   イ 独セン

2. ア 外見
   イ 体サイ

3. ア 合格 〈意味〉試験に受かること。
   イ キュウ第

4. ア 重荷
   イ 負タン

5. ア 継承
   イ トウ襲

6. ア 平素 〈意味〉ふだん。
   イ 日ジョウ

7. ア 筋道
   イ 脈ラク

8. ア 原因
   イ 動キ

9. ア 快活
   イ 明ロウ

10. ア 細心
    イ タン念

11. ア 改定
    イ 変コウ

### ONE Point

字が反対でも「対義語」と限らない

「入」の反対は「出」です。しかし「入場―□場」の場合、□に「出」を入れても対義語になりません。「退」を入れて「入場―退場」が対義語語です。

## 対義語・類義語

### 練習1

**3** 次の( )から対義語の関係になる組み合わせを一組選び、その記号を( )に記せ。

1 ア 陰性 イ 陽性 ウ 資質 エ 性急 ( )・( )

2 ア 航行 イ 渡来 ウ 先行 エ 停泊 ( )・( )

3 ア 縮小 イ 拡大 ウ 巨大 エ 少量 ( )・( )

4 ア 発散 イ 発揮 ウ 吸収 エ 発生 ( )・( )

5 ア 固定 イ 固有 ウ 有事 エ 流動 ( )・( )
意味 有事：非常事態。

6 ア 念願 イ 確実 ウ 確信 エ 疑念 ( )・( )

7 ア 添加 イ 植物 ウ 天然 エ 人工 ( )・( )

8 ア 加入 イ 脱退 ウ 脱出 エ 出欠 ( )・( )

9 ア 集散 イ 分散 ウ 離合 エ 集中 ( )・( )
ヒント 類義語との混同に注意。

10 ア 到来 イ 到着 ウ 到達 エ 出発 ( )・( )

11 ア 任意 イ 弱音 ウ 志気 エ 強制 ( )・( )
ヒント 「自由意志に任せる」意と考えると？

12 ア 容易 イ 流行 ウ 困難 エ 独占 ( )・( )

**4** 次の（ ）から**類義語**の関係になる組み合わせを一組選び、その記号を（ ）に記せ。

1　ア 塩水　イ 淡水　ウ 湖水　エ 真水（　）

2　ア 看護　イ 容認　ウ 看過　エ 黙認（　）
　　意味：見過ごすこと。

3　ア 光陰　イ 歳月　ウ 歳末　エ 月光（　）

4　ア 手腕　イ 芸当　ウ 技量　エ 機能（　）

5　ア 分別　イ 思慮　ウ 気分　エ 故意（　）
　　ヒント：読み方で意味が異なる。ここでは「ふんべつ」。

6　ア 進出　イ 快挙　ウ 向上　エ 進歩（　）

7　ア 留意　イ 配慮　ウ 保留　エ 心配（　）

8　ア 決定　イ 決着　ウ 確定　エ 返上（　）

9　ア 釈明　イ 混迷　ウ 困惑　エ 閉口（　）
　　意味：話の糸口のこと。

10　ア 釈明　イ 話頭　ウ 説得　エ 弁解（　）

11　ア 傍観　イ 始末　ウ 解消　エ 処方（　）
　　意味：ほかに左右されないしっかりした見識のこと。

12　ア 傍観　イ 定見　ウ 処理　エ 座視（　）
　　意味：黙って見るだけでかかわろうとしないこと。

---

**ONE Point**

「類義語」について
「漢検」では同義語（同意語）と類義語を合わせて「類義語」としています。

# 対義語・類義語

## 練習2

### 1
次の☐の中の語を必ず一度使って漢字に直し、対義語・類義語を記せ。

**対義語**

1. 混濁 —（　）明
2. 平和 —（　）戦
3. 適法 —（　）法
4. 倍加 — 半（　）
5. 死亡 —（　）生

**類義語**

6. 実直 —（　）勉
7. 抜群 — 指（　）
8. 基地 —（　）点
9. 普通 —（　）常
10. 動転 —（　）天

い・きょ・ぎょう・きん・くっ
げん・じん・そう・たん・とう

### 2
次の☐の中の語を必ず一度使って漢字に直し、対義語・類義語を記せ。

**対義語**

1. 絶対 —（　）対
2. 短慮 —（　）慮
3. 退職 —（　）職
4. 服従 —（　）抗
5. 豊作 —（　）作

**類義語**

6. 永遠 — 不（　）
7. 同意 —（　）成
8. 長者 — 富（　）
9. 出世 — 栄（　）
10. 将来 — 前（　）

きゅう・きょう・ごう・さん・しゅう
じゅく・そう・たつ・てい・と

**3** 次の□の中の語を必ず一度使って漢字に直し、対義語・類義語を記せ。

対義語
1 優良―（　）悪
2 好調―不（　）
3 内容―形（　）
4 専業―（　）業
5 結束―（　）反 〈難〉

類義語
6 加勢―応（　）
7 失神―気（　）
8 不意―（　）然
9 入念―周（　）〈難〉
10 輸送―運（　）

えん・けん・しき・しん・ぜつ
とう・とつ・ぱん・り・れつ

**4** 次の□の中の語を必ず一度使って漢字に直し、対義語・類義語を記せ。

対義語
1 遠方―近（　）
2 無視―（　）重
3 支配―従（　）
4 幼年―老（　）
5 否認―（　）認 〈注〉

類義語
6 親類―（　）者
7 土台―基（　）〈難〉
8 有名―（　）名
9 自立―（　）立
10 海辺―海（　）

えん・がん・ぜ・ぞく・そん
ちょ・どく・ぱん・りん・れい

---

**ONE Point**

類義語は一つとは限らない!! その①

□に漢字を入れて類義語の関係を完成させよう。

礼儀―礼①　　①　儀―作②　　②　　儀―作③　　③

答 ①法 ②作 ③典

# 対義語・類義語

## 練習2

**5** 次の □ の中の語を必ず一度使って漢字に直し、対義語・類義語を記せ。

対義語
1 直面 ― 回（　）
2 鈍重 ― 機（　）
3 逃亡 ― 追（　）
4 返済 ―（　）用
5 歓喜 ― 悲（　）注

類義語
6 混雑 ― 雑（　）
7 道端 ― 路（　）
8 尊大 ― 高（　）注
9 看病 ―（　）抱
10 直前 ―（　）前

かい・しゃく・すん・せき・たん
とう・ひ・びん・ぼう・まん

**6** 次の □ の中の語を必ず一度使って漢字に直し、対義語・類義語を記せ。

対義語
1 異端 ― 正（　）
2 多大 ―（　）厚
3 希薄 ―（　）厚
4 納入 ―（　）収
5 油断 ― 警（　）

類義語
6 道楽 ―（　）味
7 対等 ―（　）角
8 同等 ― 同（　）難
9 不在 ― 不（　）難
10 感心 ―（　）服

かい・けい・ご・しゅ・ちょう
とう・のう・び・ひつ・る

**7** 次の□の中の語を必ず一度使って漢字に直し、対義語・類義語を記せ。

対義語
1 延長 —（　）
2 肉体 —（　）
3 清流 —（　）
4 大略 —（　）【難】
5 厳寒 —（　）

類義語
6 功績 —（　）
7 文案 —（　）【難】
8 最初 —（　）
9 興奮 —（　）
10 風潮 —（　）

けいこう・しょうさい・せいしん
そうこう・だくりゅう・たんしゅく
てがら・ねっきょう・ぼうとう
もうしょ

---

**8** 次の□の中の語を必ず一度使って漢字に直し、対義語・類義語を記せ。

対義語
1 難解 —（　）
2 実物 —（　）
3 臨時 —（　）
4 和合 —（　）
5 大敗 —（　）【難】

類義語
6 発覚 —（　）
7 苦言 —（　）
8 貯蔵 —（　）
9 突飛 —（　）【難】
10 手段 —（　）

あっしょう・きばつ・こうれい・ちゅうこく・とうそう
びちく・へいい・ほうほう・もけい・ろけん

---

**ONE Point**

類義語は一つとは限らない!! その②

□に漢字を入れて類義語の関係を完成させよう。

死亡 —— 死①
　　 —— 物②
　　 —— ③界

①没 ②故 ③他

# 四字熟語

## おもしろゼミ 05 漢検

### 生きるさまざまな知恵や知識を表現！

## 省エネ言葉の集大成？

新聞の見出しでは「高校野球の地区予選が開幕」や「環境保護か開発優先かで意見が対立」など、漢字を有効に使って少ない文字数で簡潔に内容を伝えています。読み手もそれを見て、瞬時に大まかな内容を理解することができます。このような見出しには、四つの漢字から成り立つ熟語、いわゆる「四字熟語」がよく使われます。少ない文字数でより効率的に内容を表せるからです。

四字熟語は、先ほどの「高校野球」「地区予選」など、二語を単に組み合わせたもの(助詞などが省略されただけのもの)と、中国の故事を背景に持つもの(「馬耳東風」など)や、仏教語に基づくもの(「因果応報」など)、あるいは、日本人の生活のなかから生み出されたもの(「人跡未踏」など)といった、由来やいわれを持つものに大別できます。

たった四字で人間の生きる知恵や教えを表現した四字熟語は、「省エネ言葉の集大成」といっても過言ではないでしょう。語句の意味だけではなく、その由来やいわれを理解し、正しく書き表せるようにしたいものですね。

■ 四字熟語の組み立て

① 数字が用いられているもの
一挙一動　一挙両得　一刻千金
一触即発　一心不乱　一進一退
一刀両断　一日千秋　一部始終
二束三文　三寒四温　三拝九拝
四方八方
七転八倒
八方美人
百鬼夜行
千差万別
千紫万紅

② 上の二字と下の二字が、意味の似ているもの
悪戦苦闘　雲散霧消　完全無欠
牛飲馬食　空理空論　公明正大
自由自在　青天白日　全知全能
沈思黙考　天災地変　天変地異
電光石火　日進月歩　美辞麗句
平身低頭　平平凡凡　豊年満作
無我夢中　　　　　　無念無想

# 四字熟語の組み立て

例外もありますが、四字熟語の多くは二字の熟語を組み合わせたものです。その組み立てを見ていきましょう。

**1** 数字が用いられているもの
（例）三三五五　一網打尽　十中八九　一望千里

**2** 上の二字と下の二字が、意味の似ているもの
●共通の漢字を用いたもの
（例）相思相愛　私利私欲
●異なる漢字を用いたもの
（例）歓天喜地　起死回生
●同じ字を重ねたもの
（例）年年歳歳　明明白白

**3** 上の二字と下の二字が、反対の意味で対応しているもの
（例）右往左往　南船北馬　遠交近攻　是非善悪　出処進退

**4** 一字目と二字目、三字目と四字目がそれぞれ反対の意味で対応し合う関係にあります。「右ー左」「南ー北」「遠ー近」のように、反対の意味の漢字を含んでいます。
（例）利害得失　古今東西

**5** 上の二字が主語、下の二字が述語の関係になっているもの
「〇〇は（が）××だ（する）」という関係にあるものです。
（例）意志薄弱（意志が薄弱だ）　大器晩成（大器は晩成する）

**3** 上の二字と下の二字が、反対の意味で対応しているもの
弱肉強食　信賞必罰　針小棒大
人面獣心　大同小異　半死半生
半信半疑　不即不離　優勝劣敗
有名無実

**4** 一字目と二字目、三字目と四字目がそれぞれ反対の意味の漢字で構成されていて、しかも上下で一対になっているもの
治乱興亡　理非曲直
離合集散　老若男女

**5** 上の二字が主語、下の二字が述語の関係になっているもの
意味深長　危機一髪　旧態依然
玉石混交　才色兼備　主客転倒
諸行無常　人跡未踏　適者生存
本末転倒　油断大敵　用意周到

**6** 上の二字が修飾語、下の二字が被修飾語の関係になっているもの、または、連続の関係になっているもの
急転直下　縦横無尽　熟慮断行
前後不覚　単刀直入　昼夜兼行
不言実行　付和雷同

❻ 上の二字が修飾語、下の二字が被修飾語の関係になっているもの、または、連続の関係が下の二字にかかる形です。
（例）率先垂範（率先して垂範する）　独断専行（独断で専行する）

❼ 四字が対等の関係にあるもの
（例）起承転結　花鳥風月

❽ 注意すべき組み立ての四字熟語
「五里霧中」という四字熟語は中国の故事に基づきます。後漢の張楷という人が、仙術で五里霧（五里四方にわたる濃い霧）を起こし、方向を見失わせたという話から出た言葉です。従って、構成は「五里霧」＋「中」となります。意味は「迷ったり手がかりがつかめなかったりして、どうしてよいかわからないこと」。「手探りで進む」という意味にも使われます。

## 故事成語について

四字熟語には、❽の「五里霧中」のように、**故事成語**と呼ばれるものがあります。

故事とは、中国や日本の古い書物に書き残されている事柄のこと（実際にあった出来事や言い伝えを含む）をいいます。成語とは、昔の人が何かを伝承するために作った簡潔な言葉のことをいいます。つまり、故事成語は、長い時代を経て語り継がれてきた、人々の知恵や知識を表す特別な意味の言葉なのです。

故事に基づく四字熟語は、一字一字の漢字の意味を知っていても、その故事そのものを知らなければ意味が理解できない場合があるので、成り立ちを確認しておきましょう。

---

❼ 四字が対等の関係にあるもの
東西南北　春夏秋冬

❽ 注意すべき組み立ての四字熟語
**一牛鳴地** ➡「一」＋「牛鳴」＋「地」
⇩牛の鳴き声が聞こえるほどの距離の地という意味から、極めて距離が近いことをいいます。また、のどかな田園風景の形容としても用いられます。
同じ語構成の四字熟語に「一衣帯水」があります（「一」＋「衣帯」＋「水」）。「日本と中国は一衣帯水の関係にある」など、極めて密接な関係のたとえに用います。

**愛別離苦** ➡「愛別離」＋「苦」
⇩親子や夫婦など、愛する人との別れのつらさをいう仏教語で、人生について回るという「四苦八苦」の一つです。

■ **故事とは**
中国や日本の古い書物に書き残されている事柄や、昔あった出来事、言い伝えのこと。

■ **成語とは**
昔の人が、あることを伝えるために作った簡潔な言葉のこと。

## 故事成語の例

**【危急存亡】**
危険が迫っていて(危急)、生き残るかほろびるか(存亡)の分かれ目にあること。

通常、「危急存亡の秋」という形で用いる。この「秋」は秋が収穫の重要な時期であることから「大事な時期」を指す。「あき」とは読まないので注意。
中国の三国時代に、蜀の劉備に仕えた諸葛亮が、劉備亡き後を継いだ後主劉禅に奉った上奏文中の言葉による。
(出典・諸葛亮『前出師表』)

**【月下氷人】**
男女の縁を取り持つ人。結婚式などの仲人・媒酌人。

「月下老」と「氷上人」という、二つの故事を合わせてきた語で、「月下老」も「氷上人」も、いずれも男女の仲を取り持つ縁結びの神の意。
「月下老」は、中国・唐の韋固という人が、旅先で月夜の晩に出会った不思議な老人の予言通り、郡の長官の娘と結婚したという故事。「氷上人」は、中国の晋の狐策という人が、氷の上に立って氷の下にいる人と語り合った夢を見たので、占いの名人の索紞に夢判断をしてもらったら、「結婚の仲立ちをする前触れ」と言われ、実際その通りに結婚の仲人を頼まれたという故事。
(出典・『続幽怪録』・『晋書』〈索統伝〉)

**【同床異夢】**
同じ立場にある仲間でありながら、考え方や目指す目標が違っていることのたとえ。

同じ寝床に寝ていても、それぞれ異なる夢を見るという意味で、「同床各夢」ともいう。
(出典・陳亮『与朱元晦書』)

**【南船北馬】**
各地を忙しく駆け回ること。また、広くあちこちを旅行すること。

中国では、南方は河川が多くて船を使って移動することが多く、北方は山がちで馬で往来したことによる。
(出典・『淮南子』〈斉俗訓〉)

**【馬耳東風】**
他人の忠告や助言を心に留めず、聞き流すこと。また、何を言っても反応がないこと。

「東風」は、春風のこと。
人には心地よい春風だが、馬の耳には何も感じないという意。「東風の馬耳を射るが如き有り」という李白の詩の一節からできたもの。
(出典・李白『答王十二寒夜独酌有懐』)

95

# 四字熟語

## ウォーミングアップ

**1** 次の□には**共通の漢字一字**が入る。その漢字を後の□□の中から選び、( )に記号で記し、四字熟語を完成せよ。

1. 文明開化／文武両道（ ）
2. 不老不□／半□半生（ ）
3. □聖□君子／□海戦術（ ）
4. 無芸大□／弱肉強□（ ）
5. 人面獣□／誠□誠意（ ）
6. 花鳥□月／威□堂堂（ ）
7. 公平□私／問答□用（ ）
8. 天地神□／単純□快（ ）
9. 一□両得／一□一動（ ）
10. 温故□新／全□全能（ ）

ア 無　イ 死　ウ 食　エ 知　オ 人
カ 心　キ 文　ク 明　ケ 挙　コ 風

## 2

次はいずれも漢数字を使った四字熟語である。□に入る漢数字を後の〔　〕の中から選び、（　）に記せ。（〔　〕の中の漢数字は何度使ってもよい。）

1. 百発□中（　　）
2. 舌先□寸（　　）
3. 十人□色（　　）
4. □子相伝（　　）
5. □転八倒（　　）
6. □家争鳴（　　）
7. 悪事□里（　　）
8. 再三再□（　　）
9. 四□時中（　　）
10. 真実□路（　　）

11. 慮□一得（　　）
12. 三拝□拝（　　）
13. □風十雨（　　）
14. 満場□致（　　）
15. □人三脚（　　）
16. □方美人（　　）

〔 一 二 三 四 五 六 七 八 九 十 百 千 〕

**ONE Point**

四字熟語は二字の熟語を重ねたものがほとんど。「東西南北」のように四つの字が対等に並ぶものはわずかです。「東西南北」と「喜怒哀楽」は仲間

97

# 四字熟語

## 練習1

**1** 次の四字熟語を完成させるにはどれが正しいか。ア〜エから選び、（　）の中に記号で記せ。

1. 夜郎自□　[ア 大　イ 代　ウ 台　エ 題]（　）
   *意味* 自分の力量を知らずいばること。

2. 相□相愛　[ア 志　イ 史　ウ 視　エ 思]（　）

3. 油断□敵　[ア 対　イ 大　ウ 体　エ 太]（　）

4. 前□多難　[ア 渡　イ 徒　ウ 途　エ 都]（　）

5. 意気□沈　[ア 消　イ 傷　ウ 生　エ 承]（　）

6. 適□適所　[ア 財　イ 材　ウ 剤　エ 在]（　）

7. 無理算□　[ア 談　イ 断　ウ 段　エ 弾]（　）
   *意味* 苦しい中で何とかやりくりすること。

8. 無□自然　[ア 意　イ 委　ウ 威　エ 為]（　）

9. 五里□中　[ア 霧　イ 無　ウ 夢　エ 務]（　）
   *ヒント* 方角がわからなくなるほど深くたち込めるものは何？

10. 一族郎□　[ア 当　イ 刀　ウ 党　エ 頭]（　）

11. 不即不□　[ア 利　イ 裏　ウ 離　エ 里]（　）

12. 言文一□　[ア 値　イ 地　ウ 置　エ 致]（　）

13. 十中八□　[ア 句　イ 苦　ウ 九　エ 口]（　）
    *意味* ほとんど。おおかた。

- 14 一網□打 [ア 人 イ 尽 ウ 陣 エ 仁]
- 15 □心伝心 [ア 以 イ 意 ウ 異 エ 為]
- 16 人跡未□ [ア 塔 イ 到 ウ 倒 エ 踏]
  ヒント:「人跡」は「人の足跡」という意味であることに注目。
- 17 絶□絶命 [ア 体 イ 対 ウ 態 エ 待]
- 18 論旨□明 [ア 快 イ 回 ウ 会 エ 皆]
- 19 品行□正 [ア 法 イ 方 ウ 報 エ 放]
- 20 不□流行 [ア 液 イ 益 ウ 易 エ 駅]
- 21 博学多□ [ア 彩 イ 最 ウ 細 エ 才]

- 22 □為転変 [ア 宇 イ 有 ウ 雨 エ 右]
- 23 物情□然 [ア 騒 イ 総 ウ 奏 エ 走]
- 24 用意□到 [ア 終 イ 集 ウ 衆 エ 周]
- 25 一□千里 [ア 棒 イ 忙 ウ 望 エ 傍]
  意味:非常に見晴らしのよいことのたとえ。
- 26 愛別□苦 [ア 利 イ 離 ウ 里 エ 理]

---

**ONE Point**

**四字熟語は生い立ちも調べよう!**

四字熟語は、中国や日本の故事・古典から生まれてきた四字熟語は、意味だけでなく、その来歴まで調べると理解が深まります。

# 四字熟語

## 練習1

**2** 次の──線のカタカナを漢字に直して（ ）に記し、文中の四字熟語を完成せよ。

1. 一チ団結して体育祭で優勝した。
2. 自コ満足で終わらせたくない。
3. 彼はパソコンを自由自ザイに操る。
4. 起ショウ転結の構成で物語を書く。
5. コ今東西の名著を集める。
6. 町では流言ヒ語が流れた。
   意味「ヒ語」＝確かな根拠のない、いいかげんなうわさ。
7. 応急ショ置で命をつなぐ。
8. 月末は不ミン不休で働いた。
9. 利ガイ得失を考慮する。
10. 兄は合格通知にキ色満面である。
11. 彼らの反応は三者三ヨウだった。
12. 他力本ガンでは向上は望めない。
13. 段ボール箱に天地無ヨウと書く。
14. 彼は新進気エイの作曲家です。
15. 初めて会った時から意気トウ合した。
16. 広告では美辞レイ句を連ねていた。
17. 試合は一進一タイの攻防が続いた。
18. 祖父は行ウン流水の人であった。
   意味 物事に執着せず、自然のなりゆきにまかせて行動すること。
19. 独立独ポの精神が今の地位を築いた。
20. どの作品も同コウ異曲だった。
21. 兄とのけんかは一ケン落着した。
22. 延々と質ギ応答が繰り返された。

- 23 予期せぬ事態に右往サ往した。
- 24 激痛に七転バツ倒する。
- 25 ホウ腹絶倒のコメディーだった。
- 26 彼女は明ロウ快活な人気者だ。
- 27 彼に何を言っても馬ジ東風だ。
- 28 先輩は不言ジッ行の人だ。
- 29 自然界は適者生ゾンの世界だ。
- 30 無理ナン題を押しつけられた。
- 31 話の一部始ジュウを書き記す。
- 32 一陽来フクのきざしが見える。
  - 意味 悪いことが続いたあとに運が向いてくること。
- 33 キ想天外なアイディアに驚いた。
- 34 コウ明正大な選挙が望まれる。
- 35 談論風ハツで活気があるクラスだ。
  - 意味 盛んに話し合い議論すること。
- 36 金城鉄ペキの守りを破る。
  - 意味 非常に堅固でつけ込むすきがないこと。

- 37 一意セン心、学業にはげむ。
- 38 意志ハク弱な性格を直したい。
- 39 計画はそれぞれ一長一タンがある。
- 40 無味カン燥な話はやめてほしい。
- 41 経営者として信賞必バツを心がける。
  - 意味 賞バツを厳正に行うこと。
- 42 受験に向けて一心不ランに勉強した。
- 43 心キ一転、新しい仕事に就いた。
- 44 暴君に対して家来は面従腹ハイだ。
  - 意味 表面だけ服従するふりをして内心は反抗していること。
- 45 二束三モンで家具を売り払った。

---

**ONE Point**

上の二字と下の二字が似た意味で対応しているものは？

① 人跡未踏　② 平身低頭　③ 用意周到

⑦

## 四字熟語

### 練習 2

**1** 次の——線のカタカナを漢字に直して（ ）に記し、文中の四字熟語を完成せよ。

1. 年相応の思リョ分別を身につける。（ ）
2. リ合集散を繰り返し党は弱体化した。（ ）
3. 速戦ソッ決が彼のやり方だ。（ ）
4. 公シ混同は決してしない。（ ）
5. 上意下タツが行き届いた会社だ。（ ）
6. 「諸行無ジョウ」は仏教の根本思想だ。（注）（ ）
7. 山シ水明の地を訪れた。（ ）
8. 一家の無病息サイを祈願する。（ ）
9. 空前絶ゴの出来事に教室はわいた。（ ）
10. 解決のためのミョウ計奇策を思いつく。（ ）

11. しばらくは現状イ持に努める。（ ）
12. 優勝にキョウ喜乱舞した。（ ）
13. 彼は博覧キョウ記で有名だ。（ ）
14. 遅刻するとは言語ドウ断である。（ ）
15. 四字の熟語の故事ライ歴を調べる。（ ）
16. すべての疑念は雲散ム消した。（ ）
17. その行為は公序良ゾクに反する。（ ）
18. 彼女は独りで沈思モッ考していた。（ ）
19. 隣のご夫婦は比ヨク連理の仲だ。（ ）
20. 思い通りの結果に得意マン面だ。（ ）
21. 無念無ソウの境地に達する。（ ）
22. 理科で条件反シャを習った。（ ）

23 実際に見るまでは**半シン**半疑だった。
24 争いを**一トウ**両断に裁いた。
25 設立当初は悪戦苦**トウ**の毎日だった。
26 田舎で**自キュウ自足**の生活を送る。
27 参加者は**異ク同音**に反対を唱えた。
28 たくさんの宿題に**四苦ハッ苦**した。
29 受験前は**神経過ビン**になった。
30 後期試験で**オ名返上**した。
31 **ナン攻不落**といわれた城です。
32 おじは**南セン北馬**の人でいつも不在だ。
33 衆人**カン視**の中で事件は起きた。
34 **責任回ヒ**はできない状況だ。
35 **好キ到来**と迷わず打って出た。
36 **縦横無ジン**の活躍を見せた。

37 彼の**独断セン行**は目に余る。
38 **ケン愛**無私の精神を大切にしたい。
39 医療技術は**日シン月歩**だ。
40 **付和ライ同**せずに自分の意見を持とう。
41 **ソウ意工夫**に満ちた作品が集まる。
42 **絶タイ絶命**のピンチを迎える。
43 委員長は自ら**率先垂ハン**している。
44 **シン小棒大**に言いふらされた。
45 **前人ミ到**の大記録が出た。

---

**ONE Point**

上の二字と下の二字が反対の意味で対応しているものは？
① 自問自答 ② 大器晩成 ③ 電光石火

①

# 四字熟語

## 練習2

**2** 次の――線のカタカナを漢字に直して（　）に記し、文中の四字熟語を完成せよ。

1. 恐怖で疑心アンキにおちいった。
2. 電光セッカの早業に目をうばわれた。
3. タントウ直入に質問した。
4. 小心ヨクヨクとして他人を気にする。
5. 当意ソクミョウの返答があった。
6. 父は直情ケイコウの人だ。
7. 彼は何事にもウンエン過眼だ。
8. タイギ名分をかかげて決起する。
9. 臓器イショクの手術が行われた。
10. 旧態イゼンとした方法を改める。
11. 臨機オウヘンに対処する。
12. 候補者はオンド朗朗と演説した。
13. 多事タタンの毎日だった。
14. キシ回生のホームランを放った。
15. 和敬セイジャクは茶の精神を表す。
16. そのうわさは事実ムコンだ。
17. 問題はキュウテン直下、決着した。
18. 注意サンマンを指摘された。
19. ついに青天ハクジツの立場となった。
20. 社長と専務は実はドウショウ異夢だ。
21. 一知ハンカイの知識で恥をかいた。
22. ズカン足熱は健康によいといわれる。

- ☐ 23 **セイコウ**雨読の暮らしがしたい。
- ☐ 24 **ユウジュウフダン**な性格に悩む。(注)
- ☐ 25 **リッシン**出世を夢見る若者だ。
- ☐ 26 **キョウテン**動地のニュースが流れた。
- ☐ 27 彼は**理路セイゼン**と説明した。
- ☐ 28 **完全ムケツ**の人間などいない。
- ☐ 29 **ヘイシン**低頭して謝った。
- ☐ 30 この分野は彼の**金城トウチ**だ。(難)
- ☐ 31 生徒は三三ゴゴ帰宅していった。
- ☐ 32 父は朗報を受け**ハガン一笑**した。
- ☐ 33 多彩な**人材ハイシュツ**をする大学だ。
- ☐ 34 この評論家は**マンゲン**放語が過ぎる。
- ☐ 35 師の教えを**金科ギョクジョウ**とする。
- ☐ 36 **メイキョウ**止水の境地に至る。

- ☐ 37 この旅はまさに**草行ロシュク**だ。(難)
- ☐ 38 **興味ホンイ**で空き家に近付く。
- ☐ 39 不用品が売れて**一石二チョウ**だ。
- ☐ 40 **大器バンセイ**型だといわれた。
- ☐ 41 **牛飲バショク**は体に悪い。
- ☐ 42 出た意見は**ダイドウ小異**だった。
- ☐ 43 **コテイ観念**は捨てて考えよう。
- ☐ 44 **ゼント有望**の新人がそろった。
- ☐ 45 バザーは**玉石コンコウ**が常だ。

---

**ONE Point**

上の二字と下の二字が主語・述語の関係になっているものは？

① 全知全能　② 機会均等　③ 半死半生

②

# 四字熟語

## 練習2

**3** 次の☐内に入る適切な語を後の☐☐の中から選び、**漢字に直して四字熟語を完成せよ。**

1. 二律☐反
2. 環境破☐
3. 門☐開放
4. 自☐自賛 [注]
5. ☐象無象
6. 熟慮☐行
7. 意味☐長 [注]
8. 言☐一致
9. 千慮一☐
10. 無為☐食

う・が・かい・こ・こう
しっ・しん・だん・と・はい

---

**4** 次の☐内に入る適切な語を後の☐☐の中から選び、**漢字に直して四字熟語を完成せよ。**

1. 連☐反応
2. 色☐是空
3. 真☐勝負
4. 薄☐多売
5. ☐急存亡
6. 一言☐句
7. 三寒四☐
8. 風☐明月
9. 短慮軽☐
10. 名所旧☐

おん・き・けん・さ・せい
せき・そく・そつ・はん・り

**5** 次の□内に入る適切な語を後の□□の中から選び、**漢字に直して四字熟語を完成せよ。**

1 月下□人
2 本末転□
3 歌□音曲（難）
4 前後不□
5 危機一□

6 □年満作
7 □久平和（注）
8 私利私□
9 □悪無道
10 面□仏心

かく・き・ぎゃく・こう・とう
ぱつ・ひょう・ぶ・ほう・よく

**6** 次の□内に入る適切な語を後の□□の中から選び、**漢字に直して四字熟語を完成せよ。**

1 容姿□麗
2 一□即発
3 才色□備
4 志□堅固（難）
5 □成円熟

6 軽□短小
7 不可□力
8 有名無□
9 因□応報
10 □勝劣敗（注）

が・けん・こう・じつ・しょく
そう・たん・はく・ゆう・ろう

**ONE Point**

四字熟語では数字が大人気！
同じ数字が二度使われてきている例
一利一害・三人三様・十人十色・百発百中

# 送りがな

## おもしろゼミ 06 漢検

## 日本語になくてはならない名ワキ役

### 「こまかく」切る？ 「ほそく」切る？

休日に父親が「どうだ？ 本を見て、お父さんが作ったんだぞ」と、夕飯を作ってくれました。でも、どこか変です。コロッケに添えられているキャベツが千切りではなく、みじん切りになっています。

一体、何が起こったのでしょう。本には「キャベツは細く切って添える」とあります。書いてある通りに作れば、千切りになるはずです。

すると、父親が「キャベツは『こまかく切って』とあるだろう？」と一言。……どうやら「細く」を「ほそく」ではなく、「こまかく」と読み間違えたことが原因だったようです。

「送りがな」を正しく理解していないと、こうした事態があちこちで起こるかもしれません。書く際にも注意が必要です。例えば、「駅に降りる」の「降りる」を「降る」と書き間違えると、意味が全く違ってしまい、駅に雨や雪でも降ったのかと誤解されかねません。

文章の意味を正しく伝える名ワキ役ともいえる「送りがな」。内容を正しく読み取り、また相手に伝えるためにも、適切な「送りがな」のつけ方をしっかり身につけたいものです。

---

■ 内閣告示「送り仮名の付け方」
昭和四十八年六月十八日
昭和五十六年十月一日一部改正
平成二十二年十一月三十日一部改正

### 「単独の語」における「活用のある語」

**通則 本則**
通則1 活用のある語（通則2を適用する語を除く）は、活用語尾を送る。

**例**
憤る　承る　書く　実る　催す　生きる……動詞
陥れる　考える　助ける……動詞
荒い　潔い　賢い　濃い……形容詞
主だ……形容動詞

**例外**
① 語幹が「し」で終わる形容詞は、「し」から送る。
例　著しい　惜しい　悔しい　恋しい　珍しい

② 活用語尾の前に「か」、「やか」、「らか」を含む形容動詞は、その音節から送る。
例　暖かだ　細かだ　静かだ
　健やかだ　和やかだ　穏やかだ　明らかだ
　平らかだ　滑らかだ　柔らかだ

108

## 「送りがな」とは

漢字を訓読みする場合、多くは、動詞・形容詞・形容動詞など活用のある語（用言）の活用語尾や、それら用言の連用形などからできた名詞の語尾などを明示するために、漢字にかなを添えて書き表します。こうした漢字の補助として使われる「かな」を「送りがな」といいます。

もともと「送りがな」は、漢文を日本語に訳すときに、日本語での読み方を示すために、原文の漢字のそばに書き添えたものでした。書き添えたものは、書いた人自身の「メモ」のようなもので、その人がわかれば良しとされていました。また、前後の文脈から別の読みの可能性がなければつける必要はないとされ、軽く扱われていたものだったのです。このように、文章中では意味が通じれば、送りがなは気にしないという時代は長く続きました。「こまかく」を「細く」と書いても「細かく」と書いても良かったのです。

長い間あいまいだった送りがなのつけ方は、明治時代以降、読む人が読み方を間違えないことを前提に、何度かルール化が試みられました。現在の送りがなのつけ方に関する決まりは昭和48年に告示されたもので、その後、昭和56年および平成22年に一部が改正されています。

## 「送りがな」のつけ方

文章の意味をはっきりとさせるために必要な送りがなは、前述の内閣告示「送り仮名の付け方」によっています。漢検での出題と関連の深い「活用のある語」については、下段を参考にしてください。活用語の場合は、特に語幹と活用語尾を意識することが大切なポイントになります。

---

③ 次の語は、次に示すように送る。

**例**

明らむ　味わう　哀れむ　慈しむ　教わる
脅かす　関わる　食らう　異なる　逆らう
捕まる　群がる　和らぐ　明るい　危ない
危うい　大きい　少ない　小さい
冷たい　平たい　新ただ　同じだ　盛んだ
平らだ　懇ろだ　惨めだ　哀れだ　幸いだ
幸せだ　巧みだ

**許容**

次の語は、（　）の中に示すように、活用語尾の前の音節から送ることができる。

表す（表わす）　著す（著わす）
現れる（現われる）　行う（行なう）
断る（断わる）　賜る（賜わる）

**注意**

語幹と活用語尾との区別がつかない動詞は、例えば、「着る」、「寝る」、「来る」などのように送る。

---

**通則2**

**本則**　活用語尾以外の部分に他の語を含む語は、含まれている語の送り仮名の付け方によって送る。（含まれている語を〔　〕の中に示す）

① 動詞の活用形又はそれに準ずるものを含むもの。

**例**

動かす〔動く〕　照らす〔照る〕
語らう〔語る〕　計らう〔計る〕
向かう〔向く〕　浮かぶ〔浮く〕

**1** 活用のある語は、活用語尾を送る。(通則1の本則による)

通則2を適用する語は除きますが、動詞なら「生きる」「考える」「助ける」のように送ります。形容詞なら「荒い」「濃い」、形容動詞なら「主だ」のように送ります。ただし、これには次のような例外もあります。

・「恋しい」のように、語幹が「し」で終わる形容詞は、「し」から送る。
・「静かだ」「明らかだ」のように、活用語尾の前に「か」、「やか」、「らか」を含む形容動詞は、その音節から送る。

また、誤読を避けるために、活用語尾の一つ前の音節から送る例外もあります。(「異なる」「逆らう」「明るい」「大きい」「同じだ」など)

**2** 活用語尾以外の部分に他の語を含む語は、含まれている語の送り仮名の付け方によって送る。(通則2の本則による)

「うまれる」という動詞は、「生む」という動詞の未然形「生ま」を含んでいます。ですから、そのまま「生まれる」と送るという意味です。また、「重んずる」(←重い)や「確かめる」(←確かだ)のように、形容詞や形容動詞の語幹を含むもの、「春めく」(←春)のように名詞を含むものなども、これに当てはまります。

**3** 名詞は、送り仮名を付けない。(通則3の本則による)

「月」「花」「男」「女」など活用のない語には、送りがなはつけません。ただし、「後ろ」「幸せ」「情け」など、例外として最後の音節を送るものもあります。また、数をかぞえる「つ」を含む名詞は「一つ」「幾つ」のように、その「つ」を送ります。

**4** 活用のある語から転じた名詞及び活用のある語に「さ」、「み」、「げ」などの接尾語が付いて名詞になったものは、もとの語の送り仮名の付け方によって送る。(通則4の本則による)

---

**例**

生まれる〔生む〕
捕らえる〔捕〕
押さえる〔押す〕
勇ましい〔勇む〕
喜ばしい〔喜ぶ〕
及ぼす〔及ぶ〕
晴れやかだ〔晴れる〕
聞こえる〔聞く〕
積もる〔積む〕
頼もしい〔頼む〕
起こる〔起きる〕
暮らす〔暮れる〕
当たる〔当てる〕
落とす〔落ちる〕
冷やす〔冷える〕
終わる〔終える〕
変わる〔変える〕
定まる〔定める〕
集まる〔集める〕
連なる〔連ねる〕
交わる〔交える〕
混ざる・混じる〔混ぜる〕
恐ろしい〔恐れる〕

**② 形容詞・形容動詞の語幹を含むもの。**

若やぐ〔若い〕
悲しむ〔悲しい〕
確かめる〔確かだ〕
重んずる〔重い〕
怪しむ〔怪しい〕
苦しがる〔苦しい〕
重たい〔重い〕
憎らしい〔憎い〕
細かい〔細かだ〕
古めかしい〔古い〕
柔らかい〔柔らかだ〕
清らかだ〔清い〕
高らかだ〔高い〕
寂しげだ〔寂しい〕

**5** 副詞・連体詞・接続詞は、最後の音節を送る。(通則5の本則による)

動詞「調べる」から転じた「調べ」、形容詞「大きい」から転じた「大きさ」、「重い」から転じた「重み」などのように、もとの語に基づいて送るということです。ただし、例外として「志」「話」などのように、送りがなをつけない語もあります。

「必ず」(副詞)、「来る」(連体詞)、「及び」(接続詞)のように送るという意味です。例外として「大いに」「直ちに」「並びに」などがあり、「又」には「送りがな」をつけません。さらに、「例えば」は「例える」を含む語なので、含まれている語の送りがなのつけ方によって送ります。

**6** 複合の語の送り仮名は、その複合の語を書き表す漢字の、それぞれの音訓を用いた単独の語の送り仮名の付け方による。(通則6の本則による)

例えば「打つ」「合わせる」「長い」「引く」のように送るので、その複合の語も「打ち合わせる」「長引く」のように、それぞれの送りがなにならって送ります。活用のない語も同じで、「行き帰り」「移り変わり」などと送ります。ただし、通則7を適用する語は除きます。

**7** 複合の語の名詞のうち、地位・身分・役職等の名や、工芸品の名に用いられた「織」「染」「塗」など、特定の領域の語や、一般に慣用が固定していると認められるものには、送り仮名を付けない。(通則7による)

役職名の「取締役」、工芸品の「博多織」、慣用が固定していると認められる「合図」「建物」「番組」などは送りがなをつけないということです。

このように、送りがなには基本的なつけ方が決まっています。いろいろな例外や許容も認められていますが、まずは基本をきちんと押さえたいものです。

---

③ 名詞を含むもの。

**例**
汗ばむ〔汗〕　先んずる〔先〕
春めく〔春〕　男らしい〔男〕
後ろめたい〔後ろ〕

**許容** 読み間違えるおそれのない場合は、活用語尾以外の部分について、次の( )の中に示すように、送り仮名を省くことができる。

**例**
浮かぶ〔浮ぶ〕　生まれる〔生れる〕
押さえる〔押える〕　捕らえる〔捕える〕
晴れやかだ〔晴やかだ〕　聞こえる〔聞える〕
積もる〔積る〕　落とす〔落す〕
起こる〔起る〕　当たる〔当る〕
暮らす〔暮す〕　変わる〔変る〕
終わる〔終る〕

**注意** 次の語は、それぞれ〔 〕の中に示す語を含むものとは考えず、通則1によるものとする。

明るい〔明ける〕　荒い〔荒れる〕
悔しい〔悔いる〕　恋しい〔恋う〕

※振りがなのついた漢字は3級以上の字、高校で学習する読み方をする字です。また、同じ字で異なる読み方をする字や、読みにくい字にも振りがなをつけています。

# ウォーミングアップ

## 送りがな

**1** 次の語を漢字と送りがなに直したとき、正しく表記しているものをそれぞれア・イから選び、（　）にその記号を記せ。

1. ばかす　ア 化す　イ 化かす（　）
2. あきらかだ　ア 明かだ　イ 明らかだ（　）
3. さます　ア 覚す　イ 覚ます（　）
4. うすらぐ　ア 薄ぐ　イ 薄らぐ（　）
5. くるおしい　ア 狂しい　イ 狂おしい（　）
6. すぎる　ア 過る　イ 過ぎる（　）
7. むずかしい　ア 難しい　イ 難かしい（　）
8. くれる　ア 暮る　イ 暮れる（　）
9. あずかる　ア 預る　イ 預かる（　）
10. やわらかい　ア 柔かい　イ 柔らかい（　）
11. たやす　ア 絶す　イ 絶やす（　）
12. たたかう　ア 戦う　イ 戦かう（　）
13. うたがう　ア 疑う　イ 疑がう（　）

- 14 ひさしい　ア 久しい　イ 久さしい　（　）
- 15 こころみる　ア 試みる　イ 試ろみる　（　）
- 16 きたない　ア 汚い　イ 汚ない　（　）
- 17 かえりみる　ア 省る　イ 省みる　（　）
- 18 そらす　ア 反らす　イ 反す　（　）
- 19 あらい　ア 荒い　イ 荒らい　（　）
- 20 うやまう　ア 敬う　イ 敬まう　（　）
- 21 むれる　ア 群る　イ 群れる　（　）

- 22 やしなう　ア 養う　イ 養なう　（　）
- 23 たしかめる　ア 確める　イ 確かめる　（　）
- 24 いとなむ　ア 営む　イ 営なむ　（　）
- 25 おぎなう　ア 補う　イ 補なう　（　）

**ONE Point**

**送りがなの本則と許容の例**

・はれやかだ　　晴れやかだ（本則）
　　　　　　　　晴やかだ（許容）
・はれ　　　　　晴れ（本則）
　　　　　　　　晴（許容）

いずれで記述しても○ですが、まずは本則で覚えましょう。

# 練習1 送りがな

次の漢字を例にしたがって終止形の訓読みにし、送りがなの部分には――線をつけよ。

(例) 飲( のむ )

1. 設( )
2. 誇( )　ヒント 語幹の「し」から送る形容詞。
3. 築( )
4. 曇( )
5. 忙( )　ヒント 語幹の「し」から送る形容詞。

6. 響( )
7. 詳( )　ヒント 語幹の「し」から送る形容詞。
8. 淡( )
9. 至( )
10. 闘( )　ヒント 「戦」と同じ訓を持つ漢字。

11. 払( )
12. 基( )
13. 珍( )　ヒント 語幹の「し」から送る形容詞。
14. 幼( )　ヒント 活用語尾を送る形容詞。
15. 仕( )
16. 快( )
17. 輝( )
18. 鋭( )　ヒント 活用語尾を送る形容詞。

19. 偉( )　ヒント 活用語尾を送る形容詞。
20. 敗( )　ヒント 「破」と同じ訓を持つ漢字。
21. 除( )
22. 率( )
23. 帯( )
24. 支( )　ヒント 「差し支える」の場合は「つかえる」と読むが、単独では違う読み。
25. 唱( )
26. 争( )

## 2

次の――線のカタカナを漢字と送りがな（ひらがな）に直せ。

(例) 質問にコタエル。（答える）

1. 突然の異動に心がミダレル。
2. イキオイよくドアを開けた。
3. 予想とはチガウ結果になった。
4. どろ遊びで新しい服をヨゴス。
5. かさから滴がタレル。
6. お気に入りの本をナラベル。
7. 自然は多くのメグミを与えてくれる。
8. 背中にニブイ痛みを感じた。
9. 体がツキルまで走り続けた。
10. イチゴのアマイ香りがただよう。
11. 外出する前に食事をスマス。
12. たまったゴミをステル。
13. ネコがセマイ穴を通り抜ける。
14. 音楽の才能をサズカル。
15. 洗いたてのシーツをきれいにタタム。
16. ハゲシイ腹痛に襲われた。
17. 自分を過信しないようイマシメル。
18. 口を堅くトザス。
19. 少しずつ得点差をチヂメル。
20. 再会した友と話がハズム。

### ONE Point

**送りがなの要・不要をチェック！**

・「後ろ・独り・便り・幸せ・互い・斜め」などはつけます。
・「祭り・届け・願い・狩り・答え」などは省いてもかまいません。

# 練習2

## 1 次の——線のカタカナを漢字と送りがな(ひらがな)に直せ。

(例) 質問にコタエル。（答える）

1. 敵陣を背後からオソウ。
2. 幼い妹の手をしっかりとニギル。
3. 仏前に花をソナエル。（注）
4. 一人で多くの仕事をカカエル。
5. 健康のため暴飲暴食をツツシム。（注）
6. 朱にマジワレば赤くなる。
7. キャンバスに風景画をエガク。
8. 思春期はナヤマシイ問題が多い。
9. おしくも逆転のチャンスをノガス。
10. 子どもたちが空腹をウッタエル。
11. 不運ばかりをナゲクのはやめよう。（難）
12. ハネるような足取りで道を歩く。
13. 口いっぱいに水をフクム。
14. 家族で初日の出をオガム。
15. 悪意ある言葉で人の心をマドワス。
16. ストーブのコイシイ季節になった。
17. 休日はオソイ時間に朝食をとる。
18. 海をワタル鳥の鳴き声を聞く。
19. 親方の技をヌスンで成長する。
20. 宿題がオドロクほど早く終わった。（難）
21. 日がカタムク前に帰宅する。
22. 地下にネムル財宝を掘り起こす。
23. 事実をカクスつもりはない。
24. 連日の大雨で川の水がニゴル。
25. 母校が創立百周年をムカエル。

26 両者の勝負の行方を**ウラナウ**。
27 なべの豆が**ニエル**まで待つ。
28 かばんを肩から**ナナメ**にかける。
29 日照り続きで農作物が**カレル**。
30 ささ舟を池に**ウカベル**。
31 郷土料理に季節の野菜を**ソエル**。
32 肉料理で評判の宿に**トマル**。
33 太陽が西の海に**シズム**。
34 マラソン中にシューズが**ヌゲル**。
35 彼は泣く子も**ダマル**鬼コーチだ。
36 体格は周囲にも技術は負けない。
37 たばこは周囲にも害を**オヨボス**。
38 ベビーベッドで赤ちゃんを**ネカス**。
39 全員に等しくチャンスを**アタエル**。
40 兄の勝手な行動に**イカリ**を覚える。

41 子どもが泣き**サケブ**声が聞こえた。
42 のどに魚の小骨が**ササル**。
43 **サビシイ**夜道を注意して歩く。
44 人を**タヨル**ばかりでは成長しない。
45 野菜を**コマカク**切ってください。
46 国語は**モットモ**得意な科目だ。
47 **サイワイ**軽傷ですんだ。
48 **ケワシイ**山道を登った。
49 強敵を前に闘志を**モヤス**。
50 くじけても**フタタビ**立ち上がる。

---

**ONE Point**

**複合語の送りがなの省略**

「申し込む→申込む」「打ち合わせる→打ち合せる・打合せる」「落書き→落書」などは省略を許容されています。

# 練習2

## 送りがな

2 次の――線のカタカナを漢字と送りがな（ひらがな）に直せ。

（例）質問に**コタエル**。（答える）

1 古い万年筆がついに**コワレル**。
2 新聞に新商品の広告を**ノセル**。
3 主将が闘う姿は**イサマシイ**。
4 **タガイ**に席をゆずり合った。
5 **アヤウイ**ところで助かった。
6 ようやく日々の仕事に**ナレル**。
7 大は小を**カネル**といわれる。
8 山を**コエル**と故郷の村だ。
9 大挙して敵の城を**セメル**。
10 失敗を素直に**アヤマル**。

11 前方に友人の姿を**ミトメル**。
12 草むらに寝転んで夜空を**アオグ**。
13 世界遺産を**メグル**旅に出る。
14 **オゴソカニ**式は執り行われた。
15 寒さのあまり体が**フルエル**。
16 暑さですぐに食べ物が**クサル**。
17 **ユタカナ**大地の恵みに感謝する。
18 リスが巣に木の実を**タクワエル**。
19 雨でぬれた服を**カワカス**。
20 中学時代の恩師のお宅へ**ウカガウ**。
21 恩に**ムクイル**ように努力する。
22 電車の中にかさを**ワスレル**。
23 小鳥の鳴き声に耳を**スマス**。
24 時効の直前に犯人を**ツカマエル**。
25 書類の提出期限が目前に**セマル**。

26 人目をサケるように歩く。
27 現実から目をソムケル。
28 全員の参加がノゾマシイ。
29 若葉がシゲル新緑の季節になった。
30 親友の忠告にシタガウ。
31 彼とはコトナル意見が出た。
32 雪山登山でコワイ経験をした。
33 楽しかった思い出にヒタル。
34 しばらく日本をハナレルつもりだ。
35 強風で神社の木がタオレル。
36 妹のはだはスケルように白い。
37 タイヤから空気がヌケル。
38 円高による損害をコウムル。
39 アザヤカナ赤色のドレスを着る。
40 卒業生へお祝いの言葉をオクル。

41 軽率な行動をハジル。
42 罪は法に基づきサバクべきだ。
43 名器とホマレ高いつぼだ。
44 古い規則をアラタメル。
45 前例をフマエて企画を立てる。
46 細かい字を読むと目がツカレル。
47 医者をココロザス兄がいる。
48 居間の一画に家族写真をカザル。
49 曲に合わせてカロヤカニ踊る。
50 空き家の古い柱がクチル。

**ONE Point**

送りがなをつけない語例

「消印」「組合」「番組」「日付」「手当」「申込書」「見積書」「乗組員」「待合室」など。

# 漢検 おもしろゼミ 07

## 同音・同訓異字

### 漢字の意味を熟語から推理

## 「高校」野球で「後攻」のチームが勝利！

日本語には、発音が同じで表記（漢字）の異なる言葉が非常に多くあります。例えば「コウコウ」と聞いたときに、「孝行」「高校」「航行」「後攻」などの言葉が思い浮かびますが、「コウコウ野球でコウコウのチームが勝利」と聞けば、「コウコウ」がそれぞれ「高校」なのか「後攻」なのかを判断しなければなりません。文章中の漢字を正しく判断するためには一体何が必要なのでしょうか。

### 同音異字

音が同じで、意味の異なる漢字を「同音異字」といいます。「コウ」と音読みする漢字から始まる熟語を挙げてみると…。

抗体・攻撃・更新・恒星・荒野・香水・項目　などなど

気が遠くなりそうなほど「コウ」の「同音異字」は存在します。
「同音異字」は多くの場合、意味をその字の訓読みから判断することができます。しかし、すべての漢字に訓読みがあるわけではありません。
「工業」か「鉱業」か文の前後関係を見極め、"漢字の意味を熟語から推理"して間違いのない使い分けをするようにしましょう。

---

### ■ 同音異字の例

「コウ」で始まる熟語

- 口実・工業・公園・功績・広告・交際
- 光栄・向上・好感・考慮・行楽・孝行
- 抗争・更生・効果・幸福・行車・厚生
- 皇后・紅白・荒天・香水・校正・耕作
- 航空・降下・高速・黄砂・項目・鉱物
- 構造・興奮

など

### ■ 同訓異字と熟語の例

【あつい】
- 暑　暑中・猛暑
- 熱　熱湯・発熱
- 厚　厚情・重厚

【あらわす】
- 表　表現・発表
- 現　現出・実現
- 著　著作・共著

【おかす】
- 犯　犯罪・防犯
- 侵　侵入・侵害
- 冒　冒険・感冒

【すむ】
- 住　住宅・居住
- 済　返済・未済
- 澄　澄明（ちょうめい）・清澄（せいちょう）

## 同訓異字

訓が同じ漢字は、意外と多くあります。訓が同じで意味が異なる漢字を「同訓異字」（または「異字同訓」）といいます。

① 荷物を別の場所に[うつす]。
② スナップ写真を[うつす]。
③ 短編映画をスクリーンに[うつす]。

右の例文はいずれも[うつす]ですが、意味が異なるため漢字も異なります。①は「別の場所に動かす」という意味で「写す」、②は「その通りにかき表す」という意味で「写す」、③は「物の形などをほかのものの表面に現す」という意味で「映す」が正解です。

同訓異字を正しく使い分けるためには、漢字の意味を理解するとともに、①「移動・移転」、②「写真・写実」、③「映画・上映」など、その漢字を使った熟語に置きかえて考えると良いでしょう。

## 同音異義語

パソコンで「辞典」と入力したいのに、「事典」「字典」「自転」「時点」などと変換されることがありませんか。このように、音が同じで意味が異なる熟語を「同音異義語」といいます。

① 友人を[ショウカイ]する。（人を引き合わせる）　⇒紹介
② 条件を[ショウカイ]する。（問い合わせる）　⇒照会
③ 難解な文を[ショウカイ]した本。（詳しく解説する）　⇒詳解
④ 山田[ショウカイ]に就職する。（商業上の組織）　⇒商会

文の意味を正しく読み取り、当てはまる熟語を想定することが大切です。

### おさめる
納　納税・収納
修　修業・改修
治　治安・政治
収　収入・領収

### とまる
止　止血・停止
留　留任・保留
泊　停泊・宿泊

## ■ 同音異義語の例

### きょくち
極地　さいはての地
極致　到達しうる最高の境地
局地　限られた一定の土地

### せいさん
成算　成功する見込み
清算　関係や事柄に結末をつけること
精算　金額を細かく計算すること

### たいしょう
対象　行為の目標・目的となるもの
対称　互いに対応してつり合うこと
対照　二つの事柄を比べ合わせること

### ついきゅう
追究　未知のものを深く探求すること
追求　目的を追い求めること
追及　責任などを問いただすこと

# ウォーミングアップ

## 同音・同訓異字

**1** 次の――線の**カタカナ**にあてはまる漢字をそれぞれア・イから選び、（　）に**記号**を記せ。

□ 1 **ケン**固な城を築く。
□ 2 首都**ケン**に人口が集中する。
（ア 堅　イ 圏）（　）（　）

□ 3 国道で接**ショク**事故が起きた。
□ 4 店内を装**ショク**する。
（ア 触　イ 飾）（　）（　）

□ 5 **ジン**頭で指揮をとる。
□ 6 被告人が**ジン**問される。
（ア 尋　イ 陣）（　）（　）

□ 7 体育で**ホウ**丸投げをした。
□ 8 新年の**ホウ**負を述べる。
（ア 砲　イ 抱）（　）（　）

□ 9 **バツ**本的な改革が望まれる。
□ 10 **バツ**則を規定する。
（ア 罰　イ 抜）（　）（　）

□ 11 首脳陣が相次いで失**キャク**する。
□ 12 図書館に本を返**キャク**する。
（ア 却　イ 脚）（　）（　）

□ 13 まちがいを指**テキ**される。
□ 14 病院で点**テキ**を受ける。
（ア 摘　イ 滴）（　）（　）

□ 15 有名になって**マン**心する。
□ 16 諸国を**マン**遊する。
（ア 漫　イ 慢）（　）（　）

解答は別冊P.21

実施日　／

122

## 2

次の——線の**カタカナ**にあてはまる漢字をそれぞれア・イから選び、（ ）に**記号**を記せ。

1 道にソって商店が並ぶ。
 （ア 沿　イ 添）（　）

2 そっと優しく手をソえる。
 （ア 沿　イ 添）（　）

3 小オドりして喜んだ。
 （ア 躍　イ 踊）（　）

4 風評にオドらされる。
 （ア 躍　イ 踊）（　）

5 大バンのノート。
 （ア 版　イ 判）（　）

6 銅バン印刷の仕組みを学ぶ。
 （ア 版　イ 判）（　）

7 足アトが雪の上に残っている。
 （ア 後　イ 跡）（　）

8 祭りのアト始末をする。
 （ア 後　イ 跡）（　）

9 自分の失敗をアヤマる。
 （ア 謝　イ 誤）（　）

10 文字を書きアヤマる。
 （ア 謝　イ 誤）（　）

11 木カゲで本を読むのが好きだ。
 （ア 影　イ 陰）（　）

12 この通りは人カゲがまばらだ。
 （ア 影　イ 陰）（　）

13 彼の説得は至難のワザだ。
 （ア 業　イ 技）（　）

14 柔道のワザをかける。
 （ア 業　イ 技）（　）

---

**ONE Point**

**同音・同訓異字問題を解くために**
全く同じ読み方をする漢字を見分けるのは一苦労。漢字そのものが持つ意味を正しく理解して覚えれば、解答時の大きなヒントになるはずです。

# 同音・同訓異字

## 練習1

次の──線のカタカナにあてはまる漢字をそれぞれア〜オから選び、（ ）に記号を記せ。

1. 数学の難問と格**トウ**する。
   <意味>「格トウ」＝取っ組み合うこと。
2. 高い鉄**トウ**が立っている。

（ア 踏　イ 稲　ウ 塔　エ 闘　オ 桃）

3. 刑事が容疑者を**ビ**行する。
4. **ビ**考欄を参照してください。

（ア 備　イ 美　ウ 微　エ 鼻　オ 尾）

5. 地区大会の優勝を**キ**願する。
6. 大**キ**模な計画が進行している。
7. 周囲の好**キ**の目にさらされる。
   <意味>「好キ」＝めずらしいもの、変わったものに興味を持つこと。

（ア 規　イ 揮　ウ 奇　エ 祈　オ 機）

8. 大自然の恩**ケイ**を受けている。
9. 伝統芸能の後**ケイ**者を育てる。

（ア 傾　イ 継　ウ 敬　エ 係　オ 恵）

10. **タイ**久レースに参加する。
11. 選手の交**タイ**を告げる。

（ア 耐　イ 退　ウ 態　エ 帯　オ 替）

12. 人生の過**ト**期にさしかかる。
    <意味>「過ト期」＝移り行く途中の時期のこと。
13. **ト**方もない計画にあきれる。
14. たくさんの課題に青息**ト**息だ。

（ア 途　イ 渡　ウ 都　エ 吐　オ 徒）

15. 世界記録を**コウ**新した。
16. **コウ**常的に人手が不足している。
    <意味>「コウ常」＝いつも一定の状態で変わらないこと。
17. 無人の**コウ**野をさまよう。

（ア 抗　イ 更　ウ 荒　エ 項　オ 恒）

124

18 **エン**故を頼って上京する。
意味:「エン故」=人と人とのつながり。コネ。

19 味方の声**エン**に勇気づけられる。

20 運動会は雨天順**エン**です。
（ア 演　イ 延　ウ 縁　エ 援　オ 遠）

21 不意を**ツ**かれて驚いた。

22 午前中には目的地に**ツ**いた。

23 昨晩は早めに床に**ツ**いた。
ヒント:「職にツく」の場合も同じ漢字を使う。
（ア 突　イ 付　ウ 就　エ 着　オ 尽）

24 **タ**え間なく雨が降り続く。
意味:「タえ間」=とだえている間。

25 コートの水滴が**タ**れる。
（ア 立　イ 絶　ウ 足　エ 建　オ 垂）

26 鉄砲で獲物を**ウ**った。

27 見事なホームランを**ウ**った。
（ア 生　イ 浮　ウ 撃　エ 打　オ 産）

28 小包のひもを**ト**いた。

29 小麦粉を水に**ト**く。
ヒント:「問題をトく」の場合も同じ漢字を使う。
（ア 富　イ 解　ウ 溶　エ 泊　オ 説）

30 **カ**りに出かけて鳥をしとめた。

31 手伝いに**カ**り出される。

32 稲の**カ**り入れが始まった。
（ア 借　イ 刈　ウ 狩　エ 駆　オ 枯）

33 道端の花を**ツ**んだ。

34 トラックに荷物を**ツ**んだ。
ヒント:「かばんに荷物をツめる」の場合も同じ漢字を使う。

35 仕上げの**ツ**めが甘い。
（ア 積　イ 詰　ウ 連　エ 告　オ 摘）

---

**ONE Point**

**同音異義語は用例ごとに覚えよう！**
「きかん」は機関・基幹・器官・気管などがあります。それぞれ「交通機関」「基幹産業」「呼吸器官」「気管支」も同時に覚えるのがコツです。

# 練習2

## 同音・同訓異字

**1** 次の――線のカタカナにあてはまる漢字をそれぞれア〜オから選び、（ ）に記号を記せ。

1. **タン**精して花を育てる。
2. **タン**正な身のこなしだ。
3. 見事な演技に**タン**声がもれた。
（ア 嘆　イ 端　ウ 淡　エ 単　オ 丹）

4. 利益を追**キュウ**する。
5. 真理を追**キュウ**する。
6. 責任を追**キュウ**する。
（ア 及　イ 給　ウ 救　エ 究　オ 求）

7. 無線通信を**ボウ**受する。〈注〉
8. 体脂**ボウ**率を測定する。
9. 流行性感**ボウ**にかかり欠席した。
（ア 帽　イ 冒　ウ 肪　エ 忙　オ 傍）

10. 可能な**ハン**囲で対応する。
11. 機材を劇場に**ハン**入する。
12. 諸**ハン**の事情で中止になる。
（ア 繁　イ 販　ウ 範　エ 般　オ 搬）

13. 宇宙開発に強い**カン**心を持つ。
14. 犯罪の低年齢化は**カン**心にたえない。
15. 公約で有権者の**カン**心を買う。
（ア 感　イ 歓　ウ 関　エ 寒　オ 甘）

16. 先人の**イ**業に感謝する。
17. 二つの意見の相**イ**点を考える。
18. 親の**イ**光をかさに着るな。〈難〉
（ア 違　イ 威　ウ 為　エ 偉　オ 依）

19. **ヒ**我の実力の差を思い知る。
20. **ヒ**労をためないように休む。
21. 冬物の**ヒ**服を虫干しした。
（ア 悲　イ 疲　ウ 避　エ 被　オ 彼）

22 レイ書体という字体がある。
23 樹レイ三百年といわれる木だ。
24 流レイな文体が特長の作家だ。
（ア 冷　イ 齢　ウ 隷　エ 礼　オ 麗）

25 温かいハクに包まれる。
26 ハク力のある映像にしびれる。
27 医師に外ハクを許可された。
（ア 白　イ 泊　ウ 薄　エ 拍　オ 迫）

28 昔はシン炭を燃料とした。
29 水のシン食作用でできた地形だ。
30 今年に入って成績不シンだ。
（ア 信　イ 薪　ウ 振　エ 浸　オ 侵）

31 他人にカイ入してほしくない。
32 結末はカイ目見当がつかない。
33 カイ律の厳しい寺として有名だ。
（ア 介　イ 壊　ウ 皆　エ 戒　オ 改）

34 つらくても現実からトウ避するな。
35 トウ突な話で驚いた。
36 圧トウ的な支持を得た。
（ア 唐　イ 到　ウ 倒　エ 逃　オ 盗）

37 熱キョウ的なファンに囲まれる。
38 キョウ異的な記憶力を持つ。
39 キョウ悪な事件が起きる。
（ア 狂　イ 恐　ウ 凶　エ 驚　オ 叫）

40 博士のショウ号を得る。
41 臨時国会がショウ集された。
42 病ショウに就いて一か月だ。
（ア 床　イ 招　ウ 称　エ 召　オ 詳）

---

**ONE Point**

同じ訓読みで意味の異なる字に注意！

「はかる」→ 計る・測る・量る・図る・諮る※

それぞれの意味に注意して、短文を作って覚えるとよいでしょう。

※「諮」は3級で学習する漢字。

# 同音・同訓異字

## 練習 2

**2** 次の──線のカタカナにあてはまる漢字をそれぞれア～オから選び、（　）に記号を記せ。

1. 目的地の方向を**サ**し示した。
2. 針で指を**サ**してしまった。
3. ミシンに油を**サ**す。
（ア 刺　イ 咲　ウ 指　エ 差　オ 去）

4. 検査のために血液を**ト**る。
5. 現状を訴えるために筆を**ト**る。
6. すりの現行犯を**ト**らえた。
（ア 執　イ 捕　ウ 止　エ 採　オ 留）

7. 父の**カタ**腕となって働く。
8. **カタ**破りな方法で解決した。
9. **カタ**入れしている球団がある。
（ア 方　イ 型　ウ 形　エ 肩　オ 片）

10. 昼食を簡単に**ス**ませる。
11. 湖の水が**ス**んでいる。
12. この池は底まで**ス**けて見える。
（ア 透　イ 済　ウ 住　エ 澄　オ 好）

13. 約束の時間に**オク**れてしまった。
14. 花束を**オク**り物に選んだ。
15. **オク**れ毛を指先でかきあげた。
（ア 後　イ 奥　ウ 遅　エ 送　オ 贈）

16. 自分が出した案が**サイ**用された。
17. 雑誌の連**サイ**小説を欠かさず読む。
18. 長い**サイ**月を経て再会した。
（ア 採　イ 歳　ウ 載　エ 彩　オ 裁）

19. 毎回**カ**わりばえのしない成績だ。
20. 季節の**カ**わり目にかぜをひいた。
21. 月曜日は振り**カ**え休日です。
（ア 変　イ 貸　ウ 勝　エ 替　オ 代）

**3** 次の――線のカタカナにあてはまる漢字を書け。

1. 作曲家が**イ**大な賞に輝く。
2. 軽率な行**イ**を戒める。
3. 夏物のスーツを**シンチョウ**した。
4. 彼女の言葉は意味**シンチョウ**だ。
5. **シンチョウ**を期して事にあたる。
6. 来期の役員就任は**コジ**した。
7. 実力を**コジ**するような走りだ。
8. この映画は時代**コウショウ**に忠実だ。
9. 伝説は**コウショウ**で伝わる。
10. 客の**イコウ**に添った商品だ。
11. 四月から新制度に**イコウ**する。
12. 八月**イコウ**の日程は未定です。
13. 桜が咲き**ソ**める暖かさだ。
14. 草木で布を**ソ**めてみる。
15. 休日に庭の雑草を**カ**る。
16. 馬を**カ**って大草原を走り回る。
17. 畑を荒らすイノシシを**カ**る。
18. 異文化に**フ**れて視野が広がる。
19. 速度計の針が急に**フ**れる。
20. 危険を**オカ**す必要はない。
21. 他国の領土を**オカ**すべきでない。
22. 音楽の授業でハーモニカを**フ**いた。
23. 水道管が破損して水が**フ**き出た。

---

**ONE Point**

同じ音読みで形の似ている字に注意！

「カン」→ 勧告・歓迎・観察
「テキ」→ 指摘・水滴・適切・敵対

# 書き取り

## おもしろゼミ 08 漢検
## "雑"と"クセ"が落とし穴に

### 正しい漢字を書く習慣を！

日本語をひらがなばかりで表記すると、読みにくく、誤った解釈を招くこともあります。例えば「うらにわにはにわにわとりがいる」ではどう読むのかわかりませんが、「裏庭には二羽鶏がいる」と漢字にすれば、途端に明快になります。

日本語は同じ読みをする語が多い言語ですが、漢字かな交じり文にすることで、発音も意味も相手に正しく伝達することができます。ただし、そのためには正しい漢字を書く力が必要です。

雑に書かれた字が読む人を混乱させたという例も、枚挙にいとまがありません。一画一画をていねいに書かず略したり、続けて書いてはいけないところを、ひと筆で続けて書いてしまったり。日常生活ならばともかく、試験や漢検などでは、減点対象になりかねませんので、楷書ていねいに、正しい形の漢字を書く習慣をつけるようにしましょう。

### ■正確な漢字を書く

常用漢字表はもちろん、漢検発行の問題集では「教科書体」という書体

### ■書体の違いについて

漢検では、書体による違いは、表現の差（デザインの違い）と見るべきものであり、字体（文字の骨組み）の違いではないと判断しています。

例
- 戸−戸戸戸
- 保−保保保
- 改−改改改

○＝薄　×＝薄

ただし、字の構造や画数が変わるような書き方は認められません。

### ■同音類字
### ①部首が共通しているものの例

【い】
- しんにょう／しんにゅう
  - 違−違反
  - 遺−遺書

で「標準字体」が示されています。この字体を漢字の正しい書き方として見本にし、身につけることが求められます。

正しい書き方を覚えるためのポイントは、筆順を正確に押さえることです。そして「標準字体」を手本に、何度も書く練習が必要です。たとえ時間がかかっても、日ごろから一つ一つの点画をきちんと意識して書くように心がけましょう。

練習していて少しでも疑問や不安を感じたときには、漢和辞典や資料に当たり、「標準字体」による正しい漢字を、繰り返し書く練習を十分にしておきたいものです。

「書き取り」問題で点を落とさないためにも、字の成り立ちや構成を意識して、偏と旁を注意深く練習することが必要です。

## 同音類字・異音類字（似形異字）

漢字には、偏は違うけれど旁が同じなど、似た形の字があります。形がよく似ていて音も同じ漢字を「同音類字」、音は異なる漢字を「異音類字」あるいは「似形異字」と呼びます。

これらは、次のように二つに大別されます。

**1 部首（意味を表す部分）が共通しているもの**

同音類字＝違・遺【辶】しんにょう・しんにゅう
異音類字＝仕・任【イ】にんべん

**2 部首以外の部分（原則として音を表す部分）が共通しているもの**

同音類字＝侵・浸／摘・滴
異音類字＝決・快／他・地

### ■ 異音類字
#### ① 部首が共通しているものの例

【目】めへん
 眠―不眠
 眼―眼球

【イ】ぎょうにんべん
 微―微細
 徴―徴収

【貝】かい・こがい
 貨―金貨
 貸―貸借
 賃―賃金
 賃―賃借

 持―持論
 待―待機
 特―特別
 職―職人
 識―知識

#### ② 部首以外の部分が共通しているものの例

ふく
 復―往復
 複―複雑
 腹―腹痛

ぎ
 義―仁義
 儀―儀式
 議―議会

けん
 験―経験
 険―険悪
 検―検査

せき
 績―成績
 積―積年
 責―責務

# 書き取り

## ウォーミングアップ

実施日　／

解答は別冊P.23

**1** 次の音と訓を持つ漢字を(ア)□の中から選び、（　）に記せ。また、その漢字が使われている熟語を(イ)□の中から選び、二字の漢字に直して[　]に記せ。

1. 音　メン
　　訓　わた
　　（　　）[　　]

2. 音　ボウ
　　訓　ふせ（ぐ）
　　（　　）[　　]

3. 音　ザイ
　　訓　あ（る）
　　（　　）[　　]

4. 音　シキ
　　訓　お（る）
　　（　　）[　　]

5. 音　ヨ
　　訓　あま（る）・あま（す）
　　（　　）[　　]

6. 音　カン
　　訓　みき
　　（　　）[　　]

7. 音　ゲン
　　訓　かぎ（る）
　　（　　）[　　]

8. 音　ショウ
　　訓　とな（える）
　　（　　）[　　]

9. 音　チ
　　訓　お（く）
　　（　　）[　　]

(ア) 限・防・唱・綿・織・置・余・幹・在

(イ) キゲン・コンカン・セッチ・ソシキ・ソンザイ・テイショウ・ボウエイ・メンボウ・ヨハ

## 2 次の──線のカタカナを漢字に直せ。

1 ナマリ色の雲がたれこめてきた。
2 エキ体洗剤で衣類を洗う。
3 厚着のせいかアセばんできた。
4 道ハバの拡張工事が行われた。
5 味覚にはドン感な方だ。
6 田舎から箱ヅめのリンゴが届く。
7 物ゴシのおだやかな女性だ。
8 庭の草花が夜ツユにぬれている。
9 街頭でショ名を集める。
10 新生活のカド出を祝う。
11 ワレ先にと外へ走り出した。
12 青ナをゆでて食べる。
13 キヌのはだ触りが好きだ。

14 会への参加者がヘり続けている。
15 ようやく春がオトズれたようだ。
16 志望校は合格ケン内にある。
17 お早めにおメし上がり下さい。
18 料理のウデ前が上がる。
19 コウ鉄のような肉体を持つ。
20 私鉄エン線に家を建てた。
21 一ピキのネコがオスだった。
22 もらった子犬は迷いこんできた。
23 アンケートの空ランをうめる。

**ONE Point**

**書き取りが得意になりたい! その①**
たくさんの言葉を知っている事が大切です。本や新聞などで日ごろから多くの文章を読むようにしましょう。

# 書き取り

## 練習1

次の――線のカタカナを漢字に直せ。

1. ふきそうじに**センザイ**を使う。
2. **ウチュウ**飛行士になりたい。
3. **ソウ**が山にこもる。
4. 騒音で**アンミン**できない。
5. 古い友人の訪問を**カンゲイ**する。
6. 冬は空気が**カンソウ**しやすい。
7. 彼女は**ドキョウ**がある。
8. 駅から店までの**キョリ**を調べる。
9. 個人の**ソンゲン**は法で守られる。意味 物事に動じない強い心。
10. 課題が多く**クノウ**は尽きない。
11. 主食を**ゲンマイ**ごはんに変えた。
12. **シンロウ**はタキシード姿だった。
13. **キケン**ながけには近寄るな。
14. 道路の**ホシュウ**工事が始まる。
15. 書類に漢字で**セイメイ**を記入した。
16. **ツウヤク**の仕事がしたい。ヒント 飾り気がないという意味の熟語と同じ漢字。
17. よく**チミ**に恵まれた畑だ。
18. 別室のモニターで**カンシ**する。
19. **ネツレツ**なジャズファンが集う。
20. 新校舎の**ケンチク**が始まる。
21. 原稿をまとめて**インサツ**にまわす。
22. 大学で**ユウシュウ**な成績を収めた。
23. 彼は何かと**ギワク**の多い人物だ。
24. 新たな機械を**ドウニュウ**した。

解答は別冊P.23

- 25 運転中はラジオで**カヨウ**曲を聞く。
- 26 火山からの**フンエン**が空をおおう。  意味 火口からけむりのように出るガスや灰。
- 27 害虫の**クジョ**を業者に依頼する。
- 28 **ホウフ**な資源に恵まれている。
- 29 旅先で山海の**チンミ**をいただく。
- 30 彼は作家を**ジショウ**している。 意味 自分から名乗ること。
- 31 **キュウカ**をとって旅行したい。
- 32 週刊**ザッシ**が店頭に並ぶ。
- 33 ゲームソフトを**ハンバイ**する。
- 34 子どもの**ユウギ**の衣装をぬう。
- 35 事故の原因を**スイソク**する。
- 36 新社長の経営方針が**シントウ**する。 ヒント 「シン」は同音で似た字があるので注意。
- 37 互いの利害と目標が**ガッチ**した。
- 38 新製品の**センデン**に力を入れる。

- 39 **オンダン**な気候で育つ野菜だ。
- 40 **コンレイ**の日を心待ちにしている。 ヒント 結コン式と同義。
- 41 話の**ロンシ**が明快でわかりやすい。
- 42 祖父は小説を**シッピツ**している。
- 43 初めての海外**トコウ**が楽しみだ。
- 44 かつて**ボウエキ**で栄えた港町だ。
- 45 勝利の**シュンカン**を見逃した。
- 46 彼は**ビンワン**と名高い記者だ。
- 47 **リュウシ**が細かくきれいな写真だ。

> **ONE Point**
> 書き取りが得意になりたい！ その②
> 知らない言葉に出会った時は、その都度、辞書で調べましょう。

# 書き取り

## 練習1

**2** 次の──線のカタカナを漢字に直せ。

1. 金持ちの**トノサマ**芸と笑われる。
   意味 「トノサマ芸」＝お金や時間のある人がなぐさみに覚えた芸。
2. 先生の言葉が心に**ヒビ**いた。
3. 領収書は漢数字の一を**イチ**と書く。
4. 忘れぬように何度も念を**オ**す。
5. 討論の場を**モウ**ける。
6. 着物を**カゲボ**ししてからしまう。
7. 大学卒業が人生の**フシメ**だ。
8. 青銅の**ツルギ**が発掘された。
9. **サラ**に上を目指して努力する。
10. **ヌマ**にハスの花が咲いている。

11. 冬の海辺は**ヒトカゲ**もまばらだ。
12. **ムスメ**の晴れ姿を写真に収める。
13. 大事な皿を**ワ**ってしまった。
14. 花びらが**イクエ**にもかさなる。
15. 今日の午後に荷物が**トド**く。
16. 短時間で内容の**コ**い会議をした。
17. この地方は冬の寒さが**キビ**しい。
18. 雄と**メス**のインコをつがいで飼う。
19. **シオドキ**を見て退出した。
   意味 物事のころあい。
20. アルバイトをして家計を**ササ**える。
21. **カイコ**のまゆから絹糸を作る。
22. 人の**ナサ**けが身にしみる。
23. 炭の入った**タワラ**を運ぶ。
24. 道に**マヨ**って遅刻した。

25 父はカボチャの**ニモノ**が好きだ。
26 景気回復は**アシブ**み状態にある。
27 **ハリ**の穴に糸を通す。
28 山では**サワ**の水をくんで使った。
29 的を矢で**イ**る。
30 解答を**ミチビ**く大切なヒントだ。
31 大きな志を**イダ**いて入学する。
32 友人を自宅に**マネ**いた。
33 生命の**ミナモト**を探究する。
34 庭の雑草を取り**ノゾ**いた。
35 野原で色とりどりの花を**ツ**む。
36 山の**ミネ**に雲がかかっている。
37 **モメン**のシャツを愛用している。[ヒント 熟字訓]
38 親友に心の**オクソコ**を打ち明けた。

39 **キリ**のような雨が降り続いている。
40 **コヨミ**のうえではすでに秋だ。
41 冬の朝は**ハ**く息が白くなる。
42 妹と私はよく**ニ**ている。
43 目覚まし時計の故障で**ネボウ**した。
44 リーダーの指示に**シタガ**う。
45 運よく**キズ**は浅かった。
46 事故だと聞いて**ムナサワ**ぎがした。
47 小さな渡し**ブネ**で川を渡る。

---

**ONE Point**

**漢字の書き取りでの注意点　その①**

「とめ・はね・はらい」の一点・一画を楷書(かいしょ)で正確に書くようにしましょう。

# 書き取り

## 3 練習1

次の――線のカタカナを漢字に直せ。

1. カンセイトウから着陸許可が出る。  
   意味 空港の施設。航空機の安全のための指示などを行う。
2. カミナリの鳴る音が聞こえる。
3. 本番前に深くコキュウする。
4. 試合の前に全員でエンジンを組む。
5. 事件のケイイを説明する。
6. シボウ分の少ない食事をとる。
7. マズしい少年時代を過ごした。
8. 書きかえ防止で2をニと書く。
9. ハマベのごみ拾いに参加した。
10. ホソウされた道は歩きやすい。  
    意味 道路の表面をアスファルトなどで固めること。

11. むだをハブきコストを下げる。
12. ゼンパン的に価格の高い店だ。
13. 今朝、池に氷がハっていた。
14. インフルエンザがモウイを振るう。
15. 天からフヨされた才能だ。  
    意味 配り分けあたえること。持って生まれること。
16. 彼の人柄にはコウカンが持てる。
17. ごくフツウの家庭に育つ。
18. ふとページをクる手を止めた。  
    ヒント 順にめくる意。「グり返す」もこの漢字。
19. 毎年誕生日にセタケを柱に記す。  
    ヒント 形がきちんと整って美しいこと。
20. タンレイな顔立ちの女優だ。
21. イドの水で足を洗った。
22. オクソクで話をしてはいけない。  
    ヒント しらがともいう。
23. ハクハツの老人に話を聞く。
24. 初優勝をとげ、カンルイにむせぶ。  
    意味 心を強く動かされて流すなみだ。

25 鳥取サキュウに観光に行く。
26 体育祭でおおいに力をフルった。
27 夏祭りのボンオドりに出かける。
28 新政権がジュリツした。
29 苦労して山頂にトウタツした。
30 彼の語学力にキョウタンした。 意味 真実であることの確かな証明。
31 有志一同でコウデンを包む。 意味 死んだ人に供える金品。
32 隣家では子犬をカっている。
33 事実をウラヅける証拠だ。 意味 真実であることの確かな証明。
34 火に対してキョウフ心を持っている。
35 優れた人材をハイシュツした。 意味 優秀な人材を世に出すこと。
36 深夜ラジオ番組をロクオンする。
37 会場はすぐにマンパイになった。 ヒント 容器だけでなく、収容人員いっぱいになる場合にも使う。
38 窓からのケシキがすばらしい。

39 小説をキャクショクして映画化する。 意味 小説を上演できるようシナリオにすることの意もある。
40 町名のユライを調べる。
41 仕事にボウサツされる毎日だ。 意味 非常にいそがしいこと。
42 荷物の集配状況をツイセキする。
43 銀行のヨキン額が増えた。
44 信号機の故障で電車がチエンした。
45 大切な仕事をマカせられた。
46 会社再建のためにジンリョクする。
47 ビヨクに航空会社のマークがある。

## ONE Point

**漢字の書き取りでの注意点 その②**

字はくずして書かないようにしましょう。

(例)
「糸─○糸×」「灬─○〳×」「口─○ロ×」

# 練習2

## 書き取り

1 次の——線のカタカナを漢字に直せ。

1. 二つの商品の値段を**ヒカク**する。
2. **コクモツ**を出荷する。
3. 幼児たちを先生が**インソツ**する。
4. 赤ちゃんの**ボウシ**を手編みする。
5. 空き地のまわりを**カナアミ**で囲む。
6. パソコンの**ソウサ**に慣れる。
7. 休日の店は**コンザツ**していた。
8. **コンキョ**のない中傷を批判する。
9. **ボンジン**には理解しがたい芸術だ。
10. データファイルを**アッシュク**する。
11. 油絵を**ガクブチ**に入れて飾る。
12. 大雨で道路が**スンダン**された。
13. 一学期は**カイキン**賞をもらった。
14. 印鑑を**シュニク**につけて押す。
15. 彼は自分の**リュウギ**で仕事をする。
16. **カセン**敷を散歩する。
17. 金魚が**ユウガ**に泳いでいる。
18. **カラクサ**模様のふろしきで包む。
19. 乗客の**ユソウ**は安全が第一だ。
20. 全員の前で詩を**ロウドク**した。
21. **フキョウ**で収入が大きく減った。
22. 学習に**サイテキ**な気温だ。
23. 荒れ地を**カイタク**して畑をつくる。
24. 飲酒運転の**バッソク**を強化する。
25. 美しい**シキサイ**の料理が並んだ。
26. 旅館に荷物を**アズ**けて観光した。

- 27 海外旅行のお**ミヤゲ**をいただいた。
- 28 山の空気を思い切り**ス**う。
- 29 紙にはさまざまな**ヨウト**がある。
- 30 かゆみがあり**ヒフ**科にかかる。
- 31 自然の**イトナ**みに学ぶ事は多い。
- 32 県内**クッシ**の進学校に合格する。
- 33 **シモン**は一人ひとり異なる。
- 34 庭の**シバフ**の緑がまぶしい。
- 35 手入れされた美しい**ハナゾノ**だ。
- 36 技術の発展が**メザ**ましい。
- 37 現場の**サンジョウ**が伝えられた。
- 38 文芸誌に作品を**トウコウ**する。
- 39 **ムナモト**でボールを受けた。
- 40 平和な社会を**キズ**こう。
- 41 **シンチョウ**に取材を進める。

- 42 **トッピョウシ**もない話だった。
- 43 恩師にお**セイボ**の品を贈る。
- 44 海外に日本文化を**ショウカイ**する。
- 45 事実が**オオヤケ**になる。
- 46 入念に作戦を**ネ**る。
- 47 海底から石油を**サイクツ**する。
- 48 家族で旅館に**シュクハク**する。
- 49 議場に**ドゴウ**が飛び交った。
- 50 かなづちの**エ**が折れてしまった。

---

**ONE Point**

**漢字の書き取りでの注意点 その③**

「攵・欠・不・句」の1画目と2画目は続けて書かないようにしましょう。

# 練習2

書き取り

2 次の——線のカタカナを漢字に直せ。

1 上司のお宅を**ホウモン**した。
2 **ベンゼツ**さわやかな演説だった。
3 冬山の**セイフク**に成功した。
4 買ったケーキを**サッソク**食べた。
5 不調の**ゲンキョウ**を調べる。
6 まるで**ドレイ**のような扱いだった。
7 味方の**エンゴ**でシュートした。
8 年末年始は**キョウリ**に帰る。
9 気ままな欲望は**セイギョ**すべきだ。
10 台風による**サイガイ**に備える。
11 ポイントの**カメイ**店を調べる。

12 神の**ケシン**としてあがめられた。
13 村に**ジュレイ**三百年の大木がある。
14 地下倉庫で野菜を**チョゾウ**する。
15 **ウモウ**のふとんは温かい。
16 野菜が**ノキナ**み値上がりしている。
17 イチゴと**サトウ**でジャムを作る。
18 雪解けに春の**コドウ**を感じる。
19 新酒が**シュッカ**される季節だ。
20 **キョガク**の増資計画を発表する。
21 人工衛星から**エイゾウ**が届く。
22 縁日で**ワタガシ**を買った。
23 新型車の**テンジ**会が開かれる。
24 **ビフウ**がカーテンをゆらす。
25 お**ヒガン**には家族で墓参りをする。
26 大雨で**テイボウ**が決壊した。

27 先生の教えを胸に**キザ**む。
28 せみ**シグレ**に包まれる。
29 カエルが見事に**チョウヤク**する。
30 **コガネ**色の夕日が湖にはえる。
31 歯が痛くて**コマ**る。
32 渡り鳥の**ムレ**が飛んでいく。
33 バスの優先席に**スワ**った。
34 コンクールで**メイヨ**な賞をもらう。
35 お年寄りを**ウヤマ**う。
36 **ウツワ**に煮物を盛る。
37 長い時間を**ヘ**て仲直りした。
38 事実に**モト**づいて報告する。
39 それは著作権の**シンガイ**にあたる。
40 祖父の**ニュウワ**な笑顔を思い出す。
41 精鋭を**ヒキ**いて戦いにのぞんだ。

42 体力では兄より**マサ**る。
43 一筋の**イナズマ**が夜空を切りさく。
44 最後まで**チンモク**を守り通した。
45 自然の**オンケイ**に感謝して暮らす。
46 部長のやり方に**テイコウ**する。
47 冬は**タイカン**性に優れた服を着る。
48 小説の**ボウトウ**の文を引用する。
49 年配者への**ハイリョ**が必要だ。
50 父にマフラーを**ア**んだ。

## ONE Point 漢字の書き取りでの注意点 その④

「支」の2・3画目、「隹」の3・5画目、「修」の5・6画目は続けて書かないようにしましょう。

# 書き取り

## 3
次の——線のカタカナを漢字に直せ。

1. 司法試験は**ナンカン**といわれる。
2. 人口の**カミツ**が問題になる。
3. 本番で実力を**ハッキ**した。
4. 見事優勝し**ドウア**げ投手となった。
5. 弟と動物**ズカン**をながめた。
6. **モヨ**りの駅まで来てください。
7. 川の水が**ケイカイ**水位をこえた。
8. 発表会では司会を**ツト**めた。
9. 新しいコートが**ホ**しい。
10. 理論の**ムジュン**を指摘される。
11. 専門用語に**チュウシャク**を付ける。

12. 社長が子会社の役員を**ケンム**する。
13. 返事を**ホリュウ**にさせてもらう。
14. 世界大会に選手団を**ハケン**する。
15. とうとうテレビが**コショウ**した。
16. **ホウゲキ**で城壁を破った。
17. 社会の**ハンエイ**を願う。
18. 事件には**イッサイ**関係がない。
19. 要点を**カジョウガ**きにする。
20. **ヒタイ**に汗して働いた。
21. 来月ジョウジュンには開花する。
22. 勝ち**イクサ**だと思い油断する。
23. 大臣の**バクダン**発言が記事になる。
24. 両親は**トナリ**の部屋で寝ている。
25. 神社で合格を**キネン**した。
26. 重要な**コウモク**に印を付ける。

27 試験に合格しシュクハイをあげる。
28 身のケッパクを証明する。
29 ピアノのエンソウに感動した。
30 将来有望な新人をカクトクした。
31 コウフンしてなかなか眠れない。
32 税制カイカクが叫ばれている。
33 ゆるやかなケイシャの坂を上る。
34 美術館に展示物をハンニュウする。
35 道に迷って途方にクれる。
36 駅前でチラシをクバっていた。
37 足りない言葉をオギナう。
38 政治のフハイを正したい。
39 第一王子が王位をケイショウした。
40 システム導入をケントウする。
41 ヘンゲンも聞きもらすまい。

42 互いに作品をヒヒョウし合った。
43 旅行はあいにくドンテンだった。
44 パトカーが駅前をジュンシする。
45 図書館に本をヘンキャクする。
46 相手の真意をサグる。
47 イリョウ方面の仕事に就きたい。
48 たき火でイモを焼いて食べる。
49 彼はスグれた音楽家です。
50 次代を背負うワコウドに成長した。

**ONE Point**

**漢字の書き取りでの注意点 その⑤**

「木」の2画目、「糸」の4画目は一般的に「とめ」ですが、はねても検定では○です。

# 書き取り

## 練習 2

4 次の――線のカタカナを漢字に直せ。

1 時代に**ギャッコウ**した考えだ。
2 作家の**スガオ**に好感を持つ。
3 はるか**オキ**にヨットが見える。
4 古い**ヤシキ**を料理屋に改築する。
5 名刺で**カタガ**きを確認する。
6 問題は**ヨウイ**に解決できない。
7 けがで入院した友人を**ミマ**う。
8 つぼ庭に**ジャリ**を入れる。
9 事を**アラダ**てたくはない。
10 金時計につける細い**クサリ**を買う。
11 **ムラサキイロ**の宝石を身につける。

12 人に流されず**テガタ**い商売をする。
13 地下街は**メイロ**のようだった。
14 古風で**オモムキ**のある宿に泊まる。
15 山奥で**ケモノミチ**に入り込んだ。
16 **フリカエ**口座に代金を入金する。
17 神社の**ケイダイ**で遊ぶ。
18 **カンベン**な方法を探す。
19 丸太を割って**タキギ**をつくる。
20 母の言葉に**メガシラ**が熱くなる。
21 ついに犯人の**ミガラ**を確保した。
22 **オウギ**の的に向け矢を放つ。
23 つららから水の**シズク**が落ちる。
24 デザートに**モモ**を切って食べる。
25 **トウゲ**の茶屋でひと休みする。
26 不安な気持ちが**ウス**らいでいった。

27 シャソウの風景をながめる。
28 早めに寝てヒロウを回復する。
29 宿泊のヒヨウは自己負担です。
30 火山からヨウガンが流れ出る。
31 方位ジシャクで方角を調べる。
32 ごみのシュウシュウ日は守る。
33 オオツブの涙がこぼれ落ちた。
34 家のネコのユクエが知れない。
35 彼の演奏に舌をマいた。
36 シハラいは現金でお願いします。
37 父はメガネをかけている。
38 パソコンの修理をイライする。
39 大気オセンは深刻な問題だ。
40 今年はギョカク量がふるわない。
41 音信不通の友の安否をキヅカう。

42 アブラの乗ったサンマがおいしい。
43 初段にヒッテキする実力者だ。
44 路上の障害物をジョキョする。
45 姉妹はコワイロが似ている。
46 他校との交流がサカんだ。
47 山のイタダキに雪が残っている。
48 橋のフクインを測定した。
49 レンラクモウは速やかに回そう。
50 池の水草がハンモしている。

## ONE Point

### 漢字の書き取りでの注意点 その⑥

漢字検定での解答は、必ずHB以上の濃さの鉛筆かシャープペンシルを使用してください。ボールペンや万年筆は厳禁です。

# 書き取り

## 誤字訂正

## ウォーミングアップ

**1** 次のア・イの文のうち、漢字が正しく使われているものを選び、（　）にその**記号**を記せ。

1. ア　アリの大郡が発生した。
   イ　アリの大群が発生した。（　）

2. ア　事態は好転した。
   イ　事態は好天した。（　）

3. ア　品質を保証する。
   イ　品質を保障する。（　）

4. ア　運賃の清算をする。
   イ　運賃の精算をする。（　）

5. ア　絶体絶命のピンチだ。
   イ　絶対絶命のピンチだ。（　）

6. ア　スライドを影写する。
   イ　スライドを映写する。（　）

7. ア　勉強机を移動する。
   イ　勉強机を異動する。（　）

8. ア　分厚い本を読破した。
   イ　分熱い本を読破した。（　）

9. ア　器械体操の選手になる。
   イ　機械体操の選手になる。（　）

10. ア　児童を引率する。
    イ　児童を引卒する。（　）

11. ア　画像が乱れて見づらい。
    イ　画象が乱れて見づらい。（　）

12. ア　漢詩を郎読した。
    イ　漢詩を朗読した。（　）

## 2 次の各文にまちがって使われている同じ読みの漢字が一字ある。（　・　）の上に誤字を、下に正しい漢字を記せ。

誤・正

1. 構堂に集合した。（　・　）
2. 障害事件が起きた。（　・　）
3. 休日に校庭を解放する。（　・　）
4. 新近感を持つ。（　・　）
5. 国語の成績が上がる。（　・　）
6. 改心の一撃だった。（　・　）
7. 経済を福興する。（　・　）
8. 実力を発起する。（　・　）
9. 偉跡を発掘する。（　・　）
10. 情報を提共する。（　・　）
11. 中学生には優しい問題だ。（　・　）
12. 特意になって自慢する。（　・　）
13. 短刀直入に話をする。（　・　）
14. 美字麗句を並べる。（　・　）
15. 生活水順が向上する。（　・　）
16. 明確に意志表示する。（　・　）
17. 非情階段から避難した。（　・　）
18. 意味深重な笑いをする。（　・　）
19. 彼の句調は独特である。（　・　）
20. 旅行で家を明ける。（　・　）

---

**ONE Point**

次の漢字はどちらが正しい？

① ア 機転がきく
　 イ 奇転がきく

② ア 互格の戦い
　 イ 互角の戦い

# 書き取り

## 誤字訂正 練習1

1 次の各文にまちがって使われている同じ読みの漢字が一字ある。（　・　）の上に誤字を、下に正しい漢字を記せ。

　　　　　　　　　　　誤・正

1 普段は朝の七時に気床します。
2 文化人類学に感心がある。　ヒント 同音異義語のある語に注目
3 模型の収集に霧中になる。
4 危険を察置して物陰に隠れた。
5 駅まで友達を贈って行った。　ヒント 使い分け要注意の語がある。
6 健設現場では安全が第一だ。
7 剣道の極意を殿授された。
8 事実に立却した報道を行う。
9 何事にも臨期応変に対処したい。
10 示持する候補者の応援演説をする。
11 火災で家屋は跡形もなく消失した。　ヒント 使い分け要注意の語がある。
12 借りた本を図書館に帰す。
13 適度な運動をするとよいと進める。
14 百貨店が営業時間を遠長する。
15 名刺しでの攻撃的な発言は慎む。
16 地図を片手に道順を訪ねる。
17 彼は宝富な話題の持ち主だ。
18 個人消費の動行を数値化する。
19 海外旅行の日定を調整する。
20 初対面で二人は意気統合した。　ヒント 個々の熟語の構成に注目
21 各界の大物が一同に会した。
22 無線で魚船と交信する。
23 飛行機は深夜に空航を飛び立った。

24 勇気を震って困難に立ち向かった。
25 市町村の境介線を変更する。
26 与儀ない事情で欠席する。
27 相手の失敗を厳しく否難する。
28 会議の終わりに決を取ります。
29 修業規則通り定時に出勤する。
30 彼女の発想はとても独奏的だ。
31 週末に友人を家に招待した。
32 千羽づるに平和への願いを来める。
33 適性な価格で販売する方針だ。
34 選手権に向けて持及力をつけたい。
35 彼の心はひどく掘折している。
36 敵の術計を事前に鑑破した。
37 昨晩は極地的な大雨を記録した。

38 議案は万場一致で可決された。
39 個人情報の流出を未前に防ぐ。
40 早急に問題の解決を計る。
41 県からの助世金で研究を続けた。
42 高校受検に向けて勉強を始めた。
43 午後から所要で外出する。
44 年相往の分別を身につける。
45 公道では制元速度で運転する。
46 この薬剤は即行性が期待できる。

---

**ONE Point 次の漢字はどちらが正しい?**

① ア 危機一発
　 イ 危機一髪

② ア 言語同断
　 イ 言語道断

# 書き取り

## 誤字訂正 練習1

**2** 次の各文にまちがって使われている同じ読みの漢字が一字ある。( ・ )の上に誤字を、下に正しい漢字を記せ。

誤　正

1. 親善大使として海外に波遣される。（　・　）
2. 夜向性の動物の生態を観察する。（　・　）
3. 敏腕の彼は社長に継ぐ実力者だ。【ヒント 使い分け要注意の語がある。】（　・　）
4. 発言は火に脂を注ぐ結果となる。（　・　）
5. 皆の希待を背負って試合に出る。（　・　）
6. 中学生が対照の教材を制作する。【ヒント 同音異義語のある語に注目】（　・　）
7. 格声器を使って指示を出す。（　・　）
8. 野生動物は生存競走の中を生きる。【ヒント 文意に合わない語は？】（　・　）
9. 現在も両国は友交関係を保っている。（　・　）
10. 判断を謝り多大な損失を与えた。【ヒント 使い分け要注意の語がある。】（　・　）
11. 水不足は農家にとって震刻な問題だ。（　・　）
12. スイカの芽花に人工授粉を行う。（　・　）
13. 予期せぬ言葉に胸を付かれる。（　・　）
14. 内外の科学者の鋭知を集める。（　・　）
15. 大学で真理学を専攻している。【ヒント 文意に合わない語は？】（　・　）
16. 強力な相坊を得て仕事は順調だ。（　・　）
17. 病気の治良のため休養する。（　・　）
18. 建築家が快的な住環境を提案する。（　・　）
19. 管連事項は欄外に記載した。（　・　）
20. 景気の停迷を打開する政策だ。（　・　）
21. 研修は有意議な内容だった。（　・　）
22. 人員を殖やして警備態勢を整えた。【ヒント 使い分け要注意の語がある。】（　・　）
23. 製品は必ず熱所理が行われる。（　・　）

24 幼児期からの悪い習環を改善する。（　）

25 全国で交通安全の票語をつのった。（　）

26 水産物の養植技術を研究する。（　）

27 連勝続きで選手は有跳天になった。（　）

28 布を形紙通りに裁断した。（　）

29 お盆は避署地で過ごす予定だ。（　）

30 経営不進の会社を支援する。（　）

31 父の元には耐えず訪問客がある。（　）
ヒント 使い分け要注意の語がある。

32 明日の試合に供えて早く寝た。（　）
ヒント 使い分け要注意の語がある。

33 世間から強い批反を浴びる。（　）

34 両家の間には昔から画執がある。（　）

35 案の条、彼は集合時刻に遅れた。（　）

36 突然の雨に急いでかさを指す。（　）

37 一紙乱れぬ群舞に観客は圧倒された。（　）

38 経験から押せば失敗が予想される。（　）
ヒント 使い分け要注意の語がある。

39 近隣の町工場で部品を徴達した。（　）

40 計画を面密に立てて実行に移す。（　）

41 天然原料を使用した無添化の洗剤です。（　）

42 夕食後は歓団の時間を過ごす。（　）
ヒント 使い分け要注意の語がある。

43 業務の合理化を勧める。（　）

44 番組内容への苦状が殺到した。（　）

45 部長の息子自漫は聞き慣れた。（　）

46 店の無責任な対応に攻議する。（　）

ONE Point

形の似ている漢字は、意味で区別き分けるようにしましょう。同じ読み、似た字形に惑わされず、正確に書
「ショウ」→招待・紹介・昭和・照合

# 書き取り

## 誤字訂正 練習2

**1** 次の各文にまちがって使われている同じ読みの漢字が一字ある。( ・ )の上に誤字を、下に正しい漢字を記せ。

誤　正

1 日々の運動不足を通感する数値だ。（　・　）

2 地方の予戦を勝ち抜いた。（　・　）

3 下流一帯に扇場地が広がる。（　・　）

4 会場の想像以上の熱気に気遅れする。（注）（　・　）

5 二千人を収要する劇場が完成した。（　・　）

6 今までの努力は途労に終わった。（　・　）

7 驚偉的な記録を樹立した。（　・　）

8 自給自足の乾素な暮らしが夢だ。（　・　）

9 小鳥の使育係をくじで決めた。（　・　）

10 キリスト教の伝導師が上陸した港だ。（　・　）

11 取り扱いに最心の注意を払う。（　・　）

12 鑑賞用の熱帯魚を扱う店に行く。（注）（　・　）

13 事故を起こし仕末書を提出した。（　・　）

14 提案は大多数の人の賛堂を得た。（　・　）

15 国際情勢が接迫した状況だ。（　・　）

16 病状は依然として余断を許さない。（　・　）

17 彼は得意気に自論を展開した。（難）（　・　）

18 塩の流れが速くて水泳は危険だ。（注）（　・　）

19 資金不足で規模を縮少した。（　・　）

20 最近遠近両様の眼鏡を買った。（注）（　・　）

21 傷を負った動物を補獲し保護する。（　・　）

22 開局三週年の祭典が開かれた。（　・　）

23 大平洋上の低気圧が北上している。（　・　）

24 極秘書類の流出継路を追及する。
25 公金を着腹した容疑で書類送検する。
26 旅行の計画表を全員に回欄した。
27 井丈高な態度が周囲の反感を買う。
28 参考資料を準備して堤出した。
29 急いで電車に飛び載った。
30 社長の雄断で組織の大改革を行う。
31 先入観や憶息で判断しない。
32 凶悪犯罪の増加は歓心にたえない。
33 新築の協同住宅に引っ越した。
34 農村で晴耕雨読の余世を送る。
35 目は視覚をつかさどる器管だ。
36 情報通信規器の普及が目覚ましい。
37 正月を旧歴で祝う国もある。

38 発熱による関接痛に悩まされた。
39 胸一杯に雄吐を抱いて出発した。
40 直経十メートルの花時計が名物です。
41 現代の世層を反映した事件だ。
42 相手の即攻を全力で防いだ。
43 線路に添って住宅が立ち並ぶ。
44 客からの電話応待に忙殺される。
45 待望の春の到来に心が踊る。
46 都合よく解尺されて困った。

**ONE Point**

書き取りで次のように書いても○になる。

無→無・無　戸→戸・戸・戸
令→令・令　言→言・言・言

# 書き取り

## 誤字訂正 練習2

**2** 次の各文にまちがって使われている同じ読みの漢字が一字ある。（　・　）の上に誤字を、下に正しい漢字を記せ。

誤・正

1. 知事選の選挙運動は浮動票の獲特に全力が注がれた。（　・　）

2. 役員の歓心を買うことに執心する社長に、不振感がつのる。（　・　）

3. 幼い子どもの純心さに触れて、温かい気持ちになった。（　・　）

4. 価値感の相違を乗り越えて豊かな人間関係を築いた。（　・　）

5. 毎月五千円ずつ旅費を詰み立てて年に一度国内旅行を楽しむ。（　・　）

6. 試合の中盤までは優性な試合運びだったが勝利を目前に逆転された。（　・　）

7. 古書の添示即売会に出かけ、掘り出し物の初版本を手に入れた。（　・　）

8. 観衆は競技場に帰ってきた走者を歓誇の声で迎えた。（　・　）

9. 研究発表の試料を作成するため市内の考古博物館を訪れた。（　・　）

10. 彼は戦後の歌謡界を支えた作詩家として業界では名高かった。（　・　）

11. 中学生の学校生活の実体を調べて学校教育のあり方を再考する。（　・　）

12. モバイル機器は季節ごとに多彩な機脳を持つ新型が登場する。（　・　）

13. 卒業式に隣席した保護者は我が子の成長を目にして涙した。（　・　）

14. 当時の彼は確か自転車で通学していたと気憶している。（　・　）

15. この歌は変調を多用していて音低を取るのが難しい。（　・　）

16. 演劇表現の幅が広がる舞台操置の導入を検討している。（　・　）

17. 国内だけでは生産量に限界があるため穀物の輸入は不可決だ。（　・　）

18 冒頭の静かな調子を一転させて圧倒のラストに至る展開が見事だ。

19 大道芸人の息を飲む技の連続に観客の拍手は成りやまなかった。

20 祭りの当日は町中に陽気な歌や偉勢のいい声が響き渡る。

21 今回の選挙で現政権が継続して国を納めることが決定した。

22 彼女は鮮練された服装に身を包んで会場に現れ、注目を浴びた。

23 高速道路の沿線に家を建てたので忙音設備には神経を使った。

24 都市の緑化や野生の動植物の保護など自然環境の保善に努めたい。

25 数字を見誤って答えを間違えた経験があるので今回は慎重に帰した。

26 念願の文学賞を獲得した作家の祝賀会が都内で勢大に行われた。

27 会議は難行して就業時間を大幅に過ぎ、精神的に疲労がたまった。

28 有士の呼びかけで恩師を囲んだ同窓会が実現した。

29 かつての親不幸の数々を反省して現在は両親と静かに暮らしている。

30 状況や情勢の変化に応じて対諸できるように準備しておく。

31 好きな作家が連載している週間誌のコラムには必ず目を通している。

32 公共事業の受注にからむ自治体主長の汚職は許されない。

33 海外で人気のバッグの限定販売に、多くの客が殺倒したそうだ。

34 聖職者は神に使える身として厳しい戒律と精進にはげむ日々だそうだ。

35 無党派層の動きは政権交代を含めた激的な変化を生む可能性がある。

---

**ONE Point**

書き取りで次のように書いても○になる。

年―年・年・年　　保―保・保

骨―骨・骨

---

157

# 4級 実力完成問題 第1回

一 次の——線の漢字の読みをひらがなで記せ。

各1点 /30

1 社員たちの不満が爆発した。
2 脚注を見ながら古典を読む。
3 先方の趣旨をよく確認する。
4 食塩水の濃度の計算が苦手だ。
5 地盤の沈下を防止する。
6 冒頭から活発な論戦となった。
7 技術では他社を優越している。
8 うわさ話に何か作為を感じる。
9 川の水が汚濁している。
10 率先して家事を手伝う。
11 桜の芽は冬の間は休眠している。
12 国語の教科書を黙読する。
13 時代に即応したやり方をとる。
14 入賞者の栄誉をたたえる。
15 社会に寄与する仕事がしたい。
16 太陽系にある恒星は太陽のみだ。
17 世界記録の更新を期待する。
18 自分の主張を堅持する。
19 海水で手すりが腐食した。
20 日が陰り静寂の夜が訪れる。
21 庭に淡雪が積もっている。
22 軒先で雨宿りをする。

解答には常用漢字の旧字体や表外漢字および常用漢字表以外の読みを使ってはいけない。

実施日 /
総得点 /200

解答は別冊P.29

## 二

次の――線のカタカナにあてはまる漢字をそれぞれのア～オから一つ選び、記号にマークせよ。

各2点 30 2×15

1 ブレーキを踏み追突を回ヒした。
2 暑さ寒さもヒ岸までといわれる。
3 ヒ害者の会が立ち上がった。
（ア 避　イ 秘　ウ 彼　エ 疲　オ 被）

23 洗い立ての敷布はよく眠れた。
24 妹はごきげん斜めのようだ。
25 受賞作に見劣りしない秀作である。
26 腰抜けと言われないよう奮闘した。
27 峰に鉛色の雲がかかってきた。
28 名声は永久に朽ちることがない。
29 毎月、給料の幾らかを貯金する。
30 肩に一ひらの花が舞いちる。

4 カン味料を少し加える。
5 カン告を受け入れることにした。
6 カン電池で動くおもちゃだ。
（ア 甘　イ 勧　ウ 歓　エ 環　オ 乾）

7 地元チームを応エンする。
8 新しい脚本で公エンする。
9 良エンに恵まれて結婚した。
（ア 演　イ 援　ウ 鉛　エ 縁　オ 園）

10 明るい前トを祝福しよう。
11 相手の意トをくみ取る。
12 真情をト露した一句である。
（ア 吐　イ 渡　ウ 登　エ 図　オ 途）

13 心をコめて作り上げた。
14 いくつもの障害を乗りコえる。
15 遠くの母をコいしたう。
（ア 肥　イ 恋　ウ 込　エ 粉　オ 越）

実力完成問題

二～五の答えは「」内の記号にマークすること。
＊一・六～十の答えはマークシート方式ではありません。

## 三 次の漢字の部首をア〜エから一つ選び、記号にマークせよ。

各1点 /10

1 隠（ア 阝　イ ⺌　ウ ノ　エ 心）
2 圏（ア 囗　イ 二　ウ 大　エ 己）
3 鬼（ア ノ　イ 鬼　ウ 儿　エ 田）
4 示（ア 一　イ 二　ウ 小　エ 示）
5 徴（ア 夂　イ 山　ウ 彳　エ 王）
6 盾（ア 厂　イ 目　ウ ノ　エ 十）
7 彩（ア 彡　イ ⺌　ウ ⺍　エ 木）
8 属（ア 尸　イ 冂　ウ 虫　エ ノ）
9 載（ア 弋　イ 土　ウ 戈　エ 車）
10 威（ア 戈　イ 一　ウ 女　エ 厂）

## 四 熟語の構成のしかたには次のようなものがある。

各2点 20 2×10

ア 同じような意味の漢字を重ねたもの（岩石）
イ 反対または対応の意味を表す字を重ねたもの（高低）
ウ 上の字が下の字を修飾しているもの（洋画）
エ 下の字が上の字の目的語・補語になっているもの（着席）
オ 主語と述語の関係にあるもの（国立）

次の熟語は右のア〜オのどれにあたるか、一つ選び、記号にマークせよ。

1 師弟
2 退陣
3 継続
4 調髪
5 微増
6 気鋭
7 平凡
8 尽力
9 帰途
10 寒暖

## 五

1〜5の三つの□に**共通する漢字**を入れて熟語を作れ。漢字はア〜コから一つ選び、記号にマークせよ。

1. □風・猛□・鮮□
2. 曲□・歌□・童□
3. □正・□認・□非
4. 発□・□骨・□出
5. 振□・大□・肩□

ア 適　イ 露　ウ 動　エ 幅　オ 是
カ 突　キ 生　ク 戯　ケ 謡　コ 烈

各2点 /10 (2×5)

## 六

後の□内のひらがなを漢字に直して□に入れ、**対義語・類義語**を作れ。□内のひらがなは一度だけ使うこと。

**対義語**
1. 浮遊 — □殿
2. 介入 — □観
3. 水平 — □直
4. 客席 — □台
5. 参加 — 脱□

**類義語**
6. 内心 — □中
7. 皮肉 — □風
8. 反撃 — 逆□
9. 推量 — □測
10. 身長 — 背□

おく・きょう・し・しゅう・すい・たけ・ちん・ぶ・ぼう・り

各2点 /20 (2×10)

*二〜五の答えは□内の記号にマークすること。
*一・六〜十の答えはマークシート方式ではありません。

## 七 文中の四字熟語の——線のカタカナを漢字に直せ。（　）には一字記入せよ。

1. 昼夜ケン行で救護活動を行う。（　）
2. 警察の一罰百カイが問題視される。（　）
3. シ援団体に協力を仰いだ。（　）
4. ドク立自尊の信念をつらぬく。（　）
5. 七ナン八苦をものともしない。（　）
6. 会議が脱線し空理空ロンに終始した。（　）
7. 予選にも闘シ満満でのぞんだ。（　）
8. 祖父の言葉を後ショウ大事に守る。（　）
9. 大きな天サイ地変で国民の意識が変わる。（　）
10. 注意散マンがもとで大けがをした。（　）

## 八 次の各文にまちがって使われている同じ読みの漢字が一字ある。上に誤字を、下に正しい漢字を記せ。

1. 無人惑星担査機を打ち上げ、宇宙に生命体の存在する可能性をさぐる。誤（　）正（　）
2. 森林は二酸化炭素を吸集して地球の温暖化防止に多大な役割を果たしている。（　）（　）
3. 医療・保健関係者や行政が一体となって在宅ケアの基盤制備を進めている。（　）（　）
4. 古い町並みが残っている地域が重要伝統的建造物群保存地区に視定された。（　）（　）
5. 議論百出で一時総然としたが、議長の裁量で議事日程は順調に消化された。（　）（　）

## 九 次の──線のカタカナを漢字一字と送りがな（ひらがな）に直せ。

〈例〉問題にコタエル。（答える）

1 悪天候のため出発日がノビル。
2 灯火で足元をテラス。
3 規則に基づいて取りアツカウ。
4 友人にウシロメタイ事情がある。
5 妹は母にアマヤカサれて育った。

## 十 次の──線のカタカナを漢字に直せ。

1 要望をカンケツに伝える。
2 土地をテイトウに資金を借りる。
3 無責任な行動がボケツを掘った。
4 コイのヨウショクで有名な町だ。
5 マンセイ的な疲労がたまっている。
6 カイヒン公園で潮風に吹かれる。
7 彼のトウトツな発言に驚いた。
8 ショメイが十万人に達した。
9 事故のエイキョウは計り知れない。
10 残雪の山々がツラなっている。
11 フクザツな模様のじゅうたんだ。
12 信用をウラギりたくない。
13 池にウスい氷が張る。
14 交番で道をタズねる。
15 灯台が放つ光をタヨって船が航行する。
16 オソざきの才能が開花したようだ。
17 師の恩にムクいることができた。
18 洗たくして衣類がチぢんだ。
19 事実かどうかをタシかめる。
20 業界ではスジガネ入りのやり手だ。

実力完成問題

# 4級 実力完成問題 第2回

解答には常用漢字の旧字体や表外漢字および常用漢字表以外の読みを使ってはいけない。

一 次の――線の漢字の読みをひらがなで記せ。

1 水生植物が繁茂している。
2 私達は自然の恩恵を被っている。
3 縁故を頼って上京した。
4 旧式の機械で耐用年数も過ぎている。
5 気品と雅趣に富んだ名園である。
6 合成樹脂を加工する。
7 社員のやる気を鼓舞する。
8 途中で勤務を交替する。
9 台風の影響で飛行機の到着が遅れた。
10 惨事の原因を調査する。
11 威儀を正して卒業式に参列する。
12 資料を添付して提出する。
13 多くの役職を兼務する。
14 介護の仕事にたずさわる。
15 犯人が隠れていた形跡がある。
16 部長は権力に迎合しやすい。
17 思い切った決断が人々の称賛を博した。
18 レースは序盤から白熱した。
19 左右の握力を測定する。
20 水は方円の器に従う。
21 鋭い質問の矛先をかわした。
22 皆様のご意見を伺います。

## 二 次の――線のカタカナにあてはまる漢字をそれぞれのア〜オから一つ選び、記号にマークせよ。

各2点 /30 2×15

23 あまりの早技にびっくりした。
24 自然の造形美は神の仕業であろうか。
25 熱のせいで体の動きが鈍い。
26 庭に米粒大の白い花が咲いた。
27 堤を歩くのが日課だ。
28 もう少し色を濃くする。
29 額から汗の滴がしたたり落ちる。
30 一人娘として大切に育てられる。

1 盛大なハク手で迎えられた。
2 旅館に宿ハクした。
3 ハク真の演技だった。
（ア迫　イ薄　ウ博　エ拍　オ泊）

4 七月下ジュンから夏休みだ。
5 夜間のジュン回を強化する。
6 国民の生活水ジュンが高い。
（ア準　イ純　ウ巡　エ盾　オ旬）

7 パソコンは広く普キュウしている。
8 身勝手な要キュウは断る。
9 事件の真相をキュウ明する。
（ア久　イ及　ウ級　エ求　オ究）

10 極タンな例えに困惑する。
11 タン念に色をぬり重ねる。
12 感タンの声をあげる。
（ア丹　イ端　ウ単　エ短　オ嘆）

13 ウサギがぴょんとトんだ。
14 年齢性別をトわない。
15 トんで火に入る夏の虫。
（ア説　イ飛　ウ問　エ跳　オ富）

二〜五の答えは「」内の記号にマークすること。
＊一・六〜十の答えはマークシート方式ではありません。

## 三 次の漢字の部首をア〜エから一つ選び、記号にマークせよ。

1 扇（ア 戸　イ 一　ウ 尸　エ 羽）
2 乱（ア 十　イ ロ　ウ し　エ 舌）
3 奇（ア ロ　イ 一　ウ 大　エ 丁）
4 賃（ア イ　イ ノ　ウ 貝　エ 士）
5 躍（ア 羽　イ 隹　ウ ロ　エ 足）
6 戒（ア 廾　イ 弋　ウ 一　エ 戈）
7 窓（ア 穴　イ 宀　ウ ム　エ 心）
8 奥（ア 米　イ 大　ウ ノ　エ 冂）
9 直（ア 十　イ 目　ウ 一　エ 一）
10 数（ア 米　イ 攵　ウ 女　エ 十）

## 四 熟語の構成のしかたには次のようなものがある。

ア 同じような意味の漢字を重ねたもの （岩石）
イ 反対または対応の意味を表す字を重ねたもの （高低）
ウ 上の字が下の字を修飾しているもの （洋画）
エ 下の字が上の字の目的語・補語になっているもの （着席）
オ 上の字が下の字の意味を打ち消しているもの （非常）

次の熟語は右のア〜オのどれにあたるか、一つ選び、記号にマークせよ。

1 舞踊
2 即答
3 喜怒
4 劣悪
5 起稿
6 豪雨
7 拡幅
8 早晩
9 遊戯
10 不詳

## 五 1〜5の三つの□に共通する漢字を入れて熟語を作れ。漢字はア〜コから一つ選び、記号にマークせよ。

1. 技・奇□・□神
2. 翼□・首□・□根
3. 産□・□増・□養・増□・□利・精□
4. 角□・□利・精
5. □力・□章・自慢

ア 尾　イ 量　ウ 鈍　エ 腕　オ 微
カ 鋭　キ 特　ク 殖　ケ 妙　コ 巻

各2点 /10 2×5

## 六 後の□内のひらがなを漢字に直して□に入れ、対義語・類義語を作れ。□内のひらがなは一度だけ使うこと。

**対義語**
1. 繁雑 — □略
2. 相異 — □一
3. 賞賛 — 非□
4. 現実 — □想
5. 借用 — 返□

**類義語**
6. 許可 — □認
7. 薄情 — 冷□
8. 用心 — □戒
9. 友好 — 親□
10. 価格 — □段

かん・きゃく・けい・しょう・ぜん・たん・ち・なん・ね・り

各2点 /20 2×10

## 七 文中の四字熟語の──線のカタカナを漢字に直せ。（　）には一字記入せよ。

1. 物価高で家計は青息ト息だ。（　）
2. 経済が暗雲低メイしたままだ。（　）
3. カ戦フン闘するも敗退してしまう。（　）
4. 意志ケン固に最後までやり通す。（　）
5. ギ論百出で出し物が決まらない。（　）
6. 一日千シュウの思いでこの日を待った。（　）
7. 即ダン即決でトラブルに対応する。（　）
8. 時間に追われ一コク千金と痛感する。（　）
9. 優しく強い主将はメイ実一体だ。（　）
10. ゼ非善悪は社会生活の中で学ぶ。（　）

## 八 次の各文にまちがって使われている同じ読みの漢字が一字ある。上に誤字を、下に正しい漢字を記せ。

1. 世界の頂点に立つことを目標に健実な研究を重ねたが、結局徒労に終わった。　誤（　）正（　）
2. まずは、精神を統一して相手の番石の構えを打ち破る作戦を練った。（　）（　）
3. 白雪を頂いた気高く端正な富士の有姿が静かな湖面に影を映していた。（　）（　）
4. 今年の流行性感冒は、抵抗力の低い高齢者や幼児が悪化する傾行にあるようだ。（　）（　）
5. 国会が召集され、冒頭で内閣総理大臣は所心表明演説をした。（　）（　）

## 九 次の──線のカタカナを漢字一字と送りがな（ひらがな）に直せ。

〈例〉問題にコタエル。（答える）

1 彼女は笑顔をタヤさない。
2 神をウヤマウ心を大切にする。
3 カガヤカシイ成績を残した。
4 暑さで食べ物がクサラス。
5 経験ユタカナ先輩を頼る。

## 十 次の──線のカタカナを漢字に直せ。

1 珍しい野鳥をモクゲキした。
2 人間としての尊厳をイジする。
3 有名な絵画をモシャする。
4 校長先生から賞状をジュヨされた。
5 家元のお茶会にショウタイされた。
6 里に下りたクマをホカクする。
7 リンジのバスに乗り込んだ。
8 署名の横にインカンを押す。
9 窓からレンポウが一望できた。
10 皆からシュクフクを受けた。
11 往年の人気作家が再び筆をトる。
12 新規事業に情熱をモやす。
13 おマワりさんに道を聞く。
14 恐怖で体が小刻みにフルえた。
15 子どものヨロコぶ顔が見たい。
16 クワの葉を食べてカイコは成長する。
17 昨日からオクバが痛い。
18 美しい花がサカんに咲いている。
19 農家の人が総出でイネカりをする。
20 家業の旅館をツぐ決意をする。

# 4級配当漢字表 (赤字は高校で学習する読み)

| 漢字 | 読み | 部首 |
|---|---|---|
| 握 | アク / にぎ-る | 扌 |
| 扱 | あつか-う | 扌 |
| 依 | イ・エ | 亻 |
| 威 | イ | 女 |
| 為 | イ | 灬 |
| 偉 | イ / えら-い | 亻 |
| 違 | イ / ちが-う・ちが-える | 辶 |
| 維 | イ | 糸 |
| 緯 | イ | 糸 |
| 壱 | イチ | 士 |
| 芋 | いも | 艹 |
| 陰 | イン / かげ・かげ-る | 阝 |
| 隠 | イン / かく-す・かく-れる | 阝 |
| 影 | エイ / かげ | 彡 |
| 鋭 | エイ / するど-い | 金 |
| 越 | エツ / こ-す・こ-える | 走 |
| 援 | エン | 扌 |

| 漢字 | 読み | 部首 |
|---|---|---|
| 煙 | エン / けむる・けむり・けむ-い | 火 |
| 鉛 | エン / なまり | 金 |
| 縁 | エン / ふち | 糸 |
| 汚 | オ / けが-す・けが-れる・けが-らわしい・よご-す・よご-れる・きたな-い | 氵 |
| 押 | オウ / お-す・お-さえる | 扌 |
| 奥 | オウ / おく | 大 |
| 憶 | オク | 忄 |
| 菓 | カ | 艹 |
| 暇 | カ / ひま | 日 |
| 箇 | カ | 竹 |
| 雅 | ガ | 隹 |
| 介 | カイ | 人 |
| 戒 | カイ / いまし-める | 戈 |

| 漢字 | 読み | 部首 |
|---|---|---|
| 皆 | カイ / みな | 白 |
| 壊 | カイ / こわ-す・こわ-れる | 土 |
| 較 | カク | 車 |
| 獲 | カク / え-る | 犭 |
| 刈 | か-る | 刂 |
| 甘 | カン / あま-い・あま-える・あま-やかす | 甘 |
| 汗 | カン / あせ | 氵 |
| 乾 | カン / かわ-く・かわ-かす | 乙 |
| 勧 | カン / すす-める | 力 |
| 歓 | カン | 欠 |
| 監 | カン | 皿 |
| 環 | カン | 王 |
| 鑑 | カン / かんが-みる | 金 |
| 含 | ガン / ふく-む・ふく-める | 口 |
| 奇 | キ | 大 |
| 祈 | キ / いの-る | 礻 |

| 漢字 | 読み | 部首 |
|---|---|---|
| 鬼 | キ / おに | 鬼 |
| 幾 | キ / いく | 幺 |
| 輝 | キ / かがや-く | 車 |
| 儀 | ギ | 亻 |
| 戯 | ギ / たわむ-れる | 戈 |
| 詰 | キツ / つ-める・つ-まる・つ-む | 言 |
| 却 | キャク | 卩 |
| 脚 | キャク・キャ / あし | 月(にくづき) |
| 及 | キュウ / およ-ぶ・およ-び・およ-ぼす | 又 |
| 丘 | キュウ / おか | 一 |
| 朽 | キュウ / く-ちる | 木 |
| 巨 | キョ | 工 |
| 拠 | キョ・コ | 扌 |
| 距 | キョ | 足 |
| 御 | ギョ・ゴ / おん | 彳 |

| 漢字 | 読み | 部首 |
|---|---|---|
| 凶 | キョウ | 凵 |
| 叫 | キョウ／さけ-ぶ | 口 |
| 狂 | キョウ／くる-う・くる-おしい | 犭 |
| 況 | **キョウ** | 氵 |
| 狭 | キョウ／せま-い・せば-める・せば-まる | 犭 |
| 恐 | キョウ／おそ-れる・おそ-ろしい | 心 |
| 響 | キョウ／ひび-く | 音 |
| 驚 | キョウ／おどろ-く・おどろ-かす | 馬 |
| 仰 | ギョウ・コウ／あお-ぐ・**おお-せ** | イ |
| 駆 | ク／か-ける・か-る | 馬 |
| 屈 | クツ | 尸 |
| 掘 | クツ／ほ-る | 扌 |
| 繰 | ／く-る | 糸 |
| 恵 | ケイ・エ／めぐ-む | 心 |

| 漢字 | 読み | 部首 |
|---|---|---|
| 傾 | ケイ／かたむ-く・かたむ-ける | イ |
| 継 | ケイ／つ-ぐ | 糸 |
| 迎 | ゲイ／むか-える | 辶 |
| 撃 | ゲキ／う-つ | 手 |
| 肩 | **ケン**／かた | 肉 |
| 兼 | ケン／か-ねる | 八 |
| 剣 | ケン／つるぎ | 刂 |
| 軒 | ケン／のき | 車 |
| 圏 | ケン | 囗 |
| 堅 | ケン／かた-い | 土 |
| 遣 | ケン／つか-う・つか-わす | 辶 |
| 玄 | ゲン | 玄 |
| 枯 | コ／か-れる・か-らす | 木 |
| 誇 | コ／ほこ-る | 言 |
| 鼓 | コ／**つづみ** | 鼓 |
| 互 | ゴ／たが-い | 二 |
| 抗 | コウ | 扌 |

| 漢字 | 読み | 部首 |
|---|---|---|
| 攻 | コウ／せ-める | 攵 |
| 更 | コウ／さら・**ふ-ける**・ふ-かす | 日 |
| 恒 | コウ | 忄 |
| 荒 | コウ／あら-い・あ-れる・あ-らす | 艹 |
| 香 | コウ・**キョウ**／か・かお-り・かお-る | 香 |
| 項 | コウ | 頁 |
| 稿 | コウ | 禾 |
| 豪 | ゴウ | 豕 |
| 込 | ／こ-む・こ-める | 辶 |
| 婚 | コン | 女 |
| 鎖 | サ／くさり | 金 |
| 彩 | サイ／**いろど-る** | 彡 |
| 歳 | サイ・セイ | 止 |
| 載 | サイ／の-せる・の-る | 車 |
| 剤 | ザイ | 刂 |
| 咲 | ／さ-く | 口 |

| 漢字 | 読み | 部首 |
|---|---|---|
| 惨 | サン・ザン／みじ-め | 忄 |
| 旨 | シ／**むね** | 日 |
| 伺 | シ／うかが-う | イ |
| 刺 | シ／さ-す・さ-さる | 刂 |
| 脂 | シ／あぶら | 月（にくづき） |
| 紫 | シ／むらさき | 糸 |
| 雌 | シ／め・めす | 隹 |
| 執 | シツ・シュウ／と-る | 土 |
| 芝 | ／しば | 艹 |
| 斜 | **シャ**／なな-め | 斗 |
| 煮 | シャ／に-る・に-える・に-やす | 灬 |
| 釈 | シャク | 釆 |
| 寂 | ジャク・**セキ**／さび・さび-しい・さび-れる | 宀 |
| 朱 | シュ | 木 |
| 狩 | シュ／か-る・か-り | 犭 |
| 趣 | シュ／おもむき | 走 |

| 漢字 | 読み | 部首 |
|---|---|---|
| 需 | ジュ | 雨 |
| 舟 | シュウ・ふね・ふな | 舟 |
| 秀 | シュウ・ひい-でる | 禾 |
| 襲 | シュウ・おそう | 衣 |
| 柔 | ジュウ・ニュウ・やわ-らか・やわ-らかい | 木 |
| 獣 | ジュウ・けもの | 犬 |
| 瞬 | シュン・またた-く | 目 |
| 旬 | ジュン・シュン | 日 |
| 巡 | ジュン・めぐ-る | 巛 |
| 盾 | ジュン・たて | 目 |
| 召 | ショウ・めす | 口 |
| 床 | ショウ・とこ・ゆか | 广 |
| 沼 | ショウ・ぬま | 氵 |
| 称 | ショウ | 禾 |
| 紹 | ショウ | 糸 |
| 詳 | ショウ・くわ-しい | 言 |
| 丈 | ジョウ・たけ | 一 |

| 漢字 | 読み | 部首 |
|---|---|---|
| 畳 | ジョウ・たた-む・たたみ | 田 |
| 殖 | ショク・ふ-える・ふ-やす | 歹 |
| 飾 | ショク・かざ-る | 食 |
| 触 | ショク・ふ-れる・さわ-る | 角 |
| 侵 | シン・おか-す | 亻 |
| 振 | シン・ふ-る・ふ-れる | 扌 |
| 浸 | シン・ひた-す・ひた-る | 氵 |
| 寝 | シン・ね-る・ね-かす | 宀 |
| 慎 | シン・つつし-む | 忄 |
| 震 | シン・ふる-う・ふる-える | 雨 |
| 薪 | シン・たきぎ | 艹 |
| 尽 | ジン・つ-くす・つ-きる・つ-かす | 尸 |
| 陣 | ジン | 阝 |
| 尋 | ジン・たず-ねる | 寸 |
| 吹 | スイ・ふ-く | 口 |
| 是 | ゼ | 日 |

| 漢字 | 読み | 部首 |
|---|---|---|
| 井 | セイ・ショウ・い | 二 |
| 姓 | セイ・ショウ | 女 |
| 征 | セイ | 彳 |
| 跡 | セキ・あと | 足 |
| 占 | セン・し-める・うらな-う | 卜 |
| 扇 | セン・おうぎ | 戸 |
| 鮮 | セン・あざ-やか | 魚 |
| 訴 | ソ・うった-える | 言 |
| 僧 | ソウ | 亻 |
| 燥 | ソウ | 火 |
| 騒 | ソウ・さわ-ぐ | 馬 |
| 贈 | ゾウ・ソウ・おく-る | 貝 |
| 即 | ソク | 卩 |
| 俗 | ゾク | 亻 |
| 耐 | タイ・た-える | 而 |
| 替 | タイ・か-える・か-わる | 曰 |
| 沢 | タク・さわ | 氵 |
| 拓 | タク | 扌 |

| 漢字 | 読み | 部首 |
|---|---|---|
| 濁 | ダク・にご-る・にご-す | 氵 |
| 脱 | ダツ・ぬ-ぐ・ぬ-げる | 月(にくづき) |
| 丹 | タン | 丶 |
| 淡 | タン・あわ-い | 氵 |
| 嘆 | タン・なげ-く・なげ-かわしい | 口 |
| 端 | タン・はし・は・はた | 立 |
| 弾 | ダン・たま・ひ-く・はず-む | 弓 |
| 恥 | チ・は-じる・はじ・は-じらう・は-ずかしい | 心 |
| 致 | チ・いた-す | 至 |
| 遅 | チ・おく-れる・おく-らす・おそ-い | 辶 |
| 蓄 | チク・たくわ-える | 艹 |
| 沖 | チュウ・おき | 氵 |
| 跳 | チョウ・は-ねる・と-ぶ | 足 |
| 徴 | チョウ | 彳 |

| 漢字 | 読み | 部首 |
|---|---|---|
| 澄 | チョウ・す-む・す-ます | 氵 |
| 沈 | チン・しず-む・しず-める | 氵 |
| 珍 | チン・めずら-しい | 王 |
| 抵 | テイ | 扌 |
| 堤 | テイ・つつみ | 土 |
| 摘 | テキ・つむ | 扌 |
| 滴 | テキ・しずく・したた-る | 氵 |
| 添 | テン・そ-える・そ-う | 氵 |
| 殿 | デン・テン・との・どの | 殳 |
| 吐 | ト・は-く | 口 |
| 途 | ト | 辶 |
| 渡 | ト・わた-る・わた-す | 氵 |
| 奴 | ド | 女 |
| 怒 | ド・いか-る・おこ-る | 心 |
| 到 | トウ | 刂 |
| 逃 | トウ・に-げる・に-がす・のが-れる | 辶 |
| 倒 | トウ・たお-れる・たお-す | 亻 |

| 漢字 | 読み | 部首 |
|---|---|---|
| 唐 | トウ・から | 口 |
| 桃 | トウ・もも | 木 |
| 透 | トウ・す-く・す-かす・す-ける | 辶 |
| 盗 | トウ・ぬす-む | 皿 |
| 塔 | トウ | 土 |
| 稲 | トウ・いね・いな | 禾 |
| 踏 | トウ・ふ-む・ふ-まえる | 足 |
| 闘 | トウ・たたか-う | 門 |
| 胴 | ドウ | 月(にくづき) |
| 峠 | とうげ | 山 |
| 突 | トツ・つ-く | 穴 |
| 鈍 | ドン・にぶ-い・にぶ-る | 金 |
| 曇 | ドン・くも-る | 日 |
| 弐 | ニ | 弋 |
| 悩 | ノウ・なや-む・なや-ます | 忄 |
| 濃 | ノウ・こ-い | 氵 |
| 杯 | ハイ・さかずき | 木 |

| 漢字 | 読み | 部首 |
|---|---|---|
| 輩 | ハイ | 車 |
| 拍 | ハク・ヒョウ | 扌 |
| 泊 | ハク・と-まる・と-める | 氵 |
| 迫 | ハク・せま-る | 辶 |
| 薄 | ハク・うす-い・うす-める・うす-まる・うす-らぐ・うす-れる | 艹 |
| 爆 | バク | 火 |
| 髪 | ハツ・かみ | 髟 |
| 抜 | バツ・ぬ-く・ぬ-ける・ぬ-かす・ぬ-かる | 扌 |
| 罰 | バツ・バチ | 罒 |
| 般 | ハン | 舟 |
| 販 | ハン | 貝 |
| 搬 | ハン | 扌 |
| 範 | ハン | 竹 |
| 繁 | ハン | 糸 |
| 盤 | バン | 皿 |

| 漢字 | 読み | 部首 |
|---|---|---|
| 彼 | ヒ・かれ・かの | 彳 |
| 疲 | ヒ・つか-れる | 疒 |
| 被 | ヒ・こうむ-る | 衤 |
| 避 | ヒ・さ-ける | 辶 |
| 尾 | ビ・お | 尸 |
| 微 | ビ | 彳 |
| 匹 | ヒツ・ひき | 匚 |
| 描 | ビョウ・えが-く・か-く | 扌 |
| 浜 | ヒン・はま | 氵 |
| 敏 | ビン | 攵 |
| 怖 | フ・こわ-い | 忄 |
| 浮 | フ・う-く・う-かれる・う-かぶ・う-かべる | 氵 |
| 普 | フ | 日 |
| 腐 | フ・くさ-る・くさ-れる・くさ-らす | 肉 |
| 敷 | フ・し-く | 攵 |
| 膚 | フ | 肉 |

| 漢字 | 読み | 部首 |
|---|---|---|
| 賦 | フ | 貝 |
| 舞 | ブ・まう・まい | 舛 |
| 幅 | フク・はば | 巾 |
| 払 | フツ・はらう | 扌 |
| 噴 | フン・ふく | 口 |
| 柄 | ヘイ・がら・え | 木 |
| 壁 | ヘキ・かべ | 土 |
| 捕 | ホ・とらえる・とらわれる・とる・つかまえる・つかまる | 扌 |
| 舗 | ホ | 舌 |
| 抱 | ホウ・だく・いだく・かかえる | 扌 |
| 峰 | ホウ・みね | 山 |
| 砲 | ホウ | 石 |
| 忙 | ボウ・いそがしい | 忄 |
| 坊 | ボウ・ボッ | 土 |
| 肪 | ボウ | 月（にくづき） |

| 漢字 | 読み | 部首 |
|---|---|---|
| 冒 | ボウ・おかす | 曰 |
| 傍 | ボウ・かたわら | イ |
| 帽 | ボウ | 巾 |
| 凡 | ボン・ハン | 几 |
| 盆 | ボン | 皿 |
| 慢 | マン | 忄 |
| 漫 | マン | 氵 |
| 妙 | ミョウ | 女 |
| 眠 | ミン・ねむる・ねむい | 目 |
| 矛 | ム・ほこ | 矛 |
| 霧 | ム・きり | 雨 |
| 娘 | むすめ | 女 |
| 茂 | モ・しげる | 艹 |
| 猛 | モウ | 犭 |
| 網 | モウ・あみ | 糸 |
| 黙 | モク・だまる | 黒 |
| 紋 | モン | 糸 |
| 躍 | ヤク・おどる | 足 |

| 漢字 | 読み | 部首 |
|---|---|---|
| 雄 | ユウ・お・おす | 隹 |
| 誉 | ヨ・ほまれ | 言 |
| 与 | ヨ・あたえる | 一 |
| 溶 | ヨウ・とける・とかす・とく | 氵 |
| 腰 | ヨウ・こし | 月（にくづき） |
| 踊 | ヨウ・おどる・おどり | 足 |
| 謡 | ヨウ・うたい・うたう | 言 |
| 翼 | ヨク・つばさ | 羽 |
| 雷 | ライ・かみなり | 雨 |
| 頼 | ライ・たのむ・たのもしい・たよる | 頁 |
| 絡 | ラク・からむ・からまる・からめる | 糸 |
| 欄 | ラン | 木 |
| 離 | リ・はなれる・はなす | 隹 |
| 粒 | リュウ・つぶ | 米 |
| 慮 | リョ | 心 |

| 漢字 | 読み | 部首 |
|---|---|---|
| 療 | リョウ | 疒 |
| 隣 | リン・となる・となり | 阝 |
| 涙 | ルイ・なみだ | 氵 |
| 隷 | レイ | 隶 |
| 齢 | レイ | 歯 |
| 麗 | レイ・うるわしい | 鹿 |
| 暦 | レキ・こよみ | 日 |
| 劣 | レツ・おとる | 力 |
| 烈 | レツ | 灬 |
| 恋 | レン・こい・こいしい | 心 |
| 露 | ロ・ロウ・つゆ | 雨 |
| 郎 | ロウ | 阝 |
| 惑 | ワク・まどう | 心 |
| 腕 | ワン・うで | 月（にくづき） |
| 計 | 三一六字 | |
| 五級までの合計（学習漢字） | 一〇〇六字 | |
| 累計 | 一三二二字 | |

# 四字熟語とその意味

## あ

- **愛別離苦（あいべつりく）** 別れのつらさ。
- **青息吐息（あおいきといき）** 非常に困ったり苦しんだりする時に発するため息。また、そのような状態。
- **悪戦苦闘（あくせんくとう）** 困難を乗りこえようと非常な努力をすること。
- **暗雲低迷（あんうんていめい）** 前途不安な状態が続くこと。また、雲が低くたれこめて、なかなか晴れそうにないさま。

## い

- **異口同音（いくどうおん）** 多くの人が口をそろえて同じことを言うこと。
- **意志薄弱（いしはくじゃく）** 自分の明確な意志を持たないさま。
- **一日千秋（いちじつせんしゅう）** 大変待ち遠しいことのたとえ。
- **一族郎党（いちぞくろうとう）** 血縁関係にある者と、その従者や家臣。
- **一網打尽（いちもうだじん）** ひとまとめに悪人を捕らえ尽くすたとえ。
- **一挙両得（いっきょりょうとく）** 一つのことをするだけで、同時に二つの利益を得ること。少ない労力で多くの利益を得ること。
- **一口両舌（いっこうりょうぜつ）** 以前の発言内容とくい違うことを平気で言うこと。
- **一切合切（いっさいがっさい）** 何もかもすべて。
- **一視同仁（いっしどうじん）** 差別することなくすべての人を見て愛すること。
- **一触即発（いっしょくそくはつ）** 非常に緊迫した状況にさらされていること。
- **一進一退（いっしんいったい）** 情勢が良くなったり悪くなったりすること。
- **一心同体（いっしんどうたい）** 複数の人間が心を一人の人間のように固く結びつくこと。また、異なったものが一つになること。
- **一世一代（いっせいちだい）** 一生のうちでただ一度。二度とないような重大なこと。
- **威風堂堂（いふうどうどう）** 威厳に満ちあふれてりっぱなこと。

## う

- **有為転変（ういてんぺん）** この世のすべての存在や現象は、常にうつろいやまないこと。この世は無常ではかないことのたとえ。
- **海千山千（うみせんやません）** いろいろな経験を積んで、物事の裏も表も知り尽くして悪賢いこと。
- **雲散霧消（うんさんむしょう）** 雲が散り消え霧がなくなるように、跡形もなく消えてなくなること。

## お

- **温故知新（おんこちしん）** 古いものをたずね求めて、新たな事柄を知ること。
- **音吐朗朗（おんとろうろう）** 音声が豊かではっきりしているさま。

## き

- **危機一髪（ききいっぱつ）** 非常に危ない瀬戸際。
- **危急存亡（ききゅうそんぼう）** 危険が迫っていて、生きるか死ぬかの瀬戸際。
- **喜色満面（きしょくまんめん）** 顔いっぱいに喜びの表情があふれている様子。
- **疑心暗鬼（ぎしんあんき）** 疑いの心があると、何でもないことに不安や恐怖を覚えてしまうこと。
- **奇想天外（きそうてんがい）** 思いもよらないような奇抜なこと。
- **牛飲馬食（ぎゅういんばしょく）** むやみにたくさん飲み食いすること。
- **鏡花水月（きょうかすいげつ）** 見えても実体がないもの。むなしくはかないまぼろし。また、詩歌などの深遠な味わい。
- **狂喜乱舞（きょうきらんぶ）** 非常に喜ぶさま。
- **共存共栄（きょうぞんきょうえい）** 互いに助けあって生存し、ともに栄えること。
- **驚天動地（きょうてんどうち）** 世間をおおいに驚かせること。
- **議論百出（ぎろんひゃくしゅつ）** さまざまな意見が出て、活発に議論されること。

## く

- **空理空論（くうりくうろん）** 実情からかけ離れていて、実際には役に立たない考え。

### け
- **軽薄短小**（けいはくたんしょう）: うすっぺらで中身のないさま。
- **言文一致**（げんぶんいっち）: 書き言葉を話し言葉に近づけて文章を書くこと。

### こ
- **好機到来**（こうきとうらい）: ちょうどよい機会がくること。
- **極悪非道**（ごくあくひどう）: この上なく悪くて、道義に外れていること。
- **極楽往生**（ごくらくおうじょう）: 死後、極楽浄土に生まれ変わること。また、安らかに死ぬこと。
- **古今東西**（ここんとうざい）: いつでもどこでも。
- **五風十雨**（ごふうじゅうう）: 世の中が平穏であるたとえ。
- **五里霧中**（ごりむちゅう）: 物事の手がかりがつかめず戸惑うこと。

### さ
- **才色兼備**（さいしょくけんび）: 女性が優れた才能と美しい容姿の両方に恵まれていること。
- **山紫水明**（さんしすいめい）: 自然の景観が清らかで美しいこと。

### し
- **志操堅固**（しそうけんご）: 主義や考えなどを堅く守って変えないこと。
- **舌先三寸**（したさきさんずん）: 口先だけで誠実さがない。また、誠実さに欠ける口先だけの言葉。
- **七難八苦**（しちなんはっく）: ありとあらゆる苦難・災難のこと。
- **縦横無尽**（じゅうおうむじん）: 自由自在に振る舞うさま。
- **思慮分別**（しりょふんべつ）: 物事に深く考えをめぐらし判断すること。
- **新進気鋭**（しんしんきえい）: ある分野に新しく登場し、意気込みが盛んで将来性があること。
- **人跡未踏**（じんせきみとう）: まだ一度も人が足を踏み入れたことがないこと。

### す
- **頭寒足熱**（ずかんそくねつ）: 頭を冷やし、足をあたためること。また、その状態。健康によいとされる。

### せ
- **雪月風花**（せつげつふうか）: 四季折々の自然の美しい景観のこと。
- **是非曲直**（ぜひきょくちょく）: 物事の善悪。
- **前後不覚**（ぜんごふかく）: 正体もわからなくなること、酒の飲みすぎや、気を失った時などに使用する。
- **前人未到**（ぜんじんみとう）: 今までにだれも到達していないこと。「前人未踏」とも。
- **全知全能**（ぜんちぜんのう）: 神の能力。あらゆることを理解しあらゆることを実行できる能力を持っていること。
- **前途多難**（ぜんとたなん）: 行く先に多くの困難が予想されること。
- **前途洋洋**（ぜんとようよう）: 将来が明るく希望に満ちていること。
- **千慮一得**（せんりょのいっとく）: 愚者の考えの中にも一つくらいは良いものがあることのたとえ。

### そ
- **創意工夫**（そういくふう）: 新しいことを考え出し、いろいろ手段をめぐらすこと。
- **創業守成**（そうぎょうしゅせい）: 新しい事業を始めるのはやさしく、その成果を守り維持していくのは難しい。
- **率先垂範**（そっせんすいはん）: 人に先立って模範を示すこと。

### た
- **単刀直入**（たんとうちょくにゅう）: 前置きなしに、いきなり本題に入ること。
- **大義名分**（たいぎめいぶん）: 行為などの根拠となる正当な理由や道理。
- **大器晩成**（たいきばんせい）: 大人物は往々にして、遅れて頭角を現すことのたとえ。

### ち
- **昼夜兼行**（ちゅうやけんこう）: 昼と夜の区別なく、続けて物事を行うこと。
- **治乱興亡**（ちらんこうぼう）: 世の中がよく治まることと、乱れてほろびること。
- **沈思黙考**（ちんしもっこう）: 沈黙して深くじっと考え込むこと。

### て
- **適材適所**（てきざいてきしょ）: その人の能力に適した地位や任務につけること。

## と

**電光石火（でんこうせっか）** 動作や振る舞いが非常にすばやいこと。

**当意即妙（とういそくみょう）** 機転をきかせて、その場に合った対応をすること。

**同工異曲（どうこういきょく）** 外見は異なるが、内容は似たり寄ったりであること。

**同床異夢（どうしょういむ）** 同じ仲間や同じ仕事をしているものでも、考え方や目的が違うことのたとえ。

## な

**難攻不落（なんこうふらく）** 攻めにくく簡単には陥落しないこと。

## は

**薄利多売（はくりたばい）** 利益を少なくして品物を多く売ること。

## ひ

**比翼連理（ひよくれんり）** 男女の情愛が深く、仲むつまじいことのたとえ。

**百鬼夜行（ひゃっきやぎょう）** 得体の知れない人々が奇怪な振る舞いをすること。また、多くの悪人がのさばりはびこるたとえ。

**美辞麗句（びじれいく）** 巧みに飾り立てた美しい言葉。また、うわべだけを飾り立てた内容のない言葉。

## ふ

**不眠不休（ふみんふきゅう）** 眠らず休まず事にあたること。

**付和雷同（ふわらいどう）** 自分の主張がなく、他人の言動に軽々しく同調すること。

**文武両道（ぶんぶりょうどう）** 学問と武芸。また、勉強とスポーツに優れていること。

## ほ

**抱腹絶倒（ほうふくぜっとう）** 腹を抱えて大笑いすること。

**本末転倒（ほんまつてんとう）** 物事の大事なこととそうでないことを逆にすること。

## む

**無為自然（むいしぜん）** 何もしないで、あるがままにまかせること。

**無芸大食（むげいたいしょく）** これといった特技や才能もなく、ただ人並み以上に食べるだけのこと。

## め

**無味乾燥（むみかんそう）** 内容がなく、味わいやおもしろみがないこと。

**明鏡止水（めいきょうしすい）** 邪念がなく、すっきり澄み渡った心境。

**名実一体（めいじついったい）** 名称と実質、評判と実際が一致していること。

**面目一新（めんもくいっしん）** 今までとは違う高い評価を得ること。また、今までは外見や内容がすっかり変わること。

## も

**門外不出（もんがいふしゅつ）** 秘蔵して、人に見せたり持ち出したりしないこと。

## ゆ

**問答無用（もんどうむよう）** 問い答えをする必要がない。議論しても何の益もないこと。

**優柔不断（ゆうじゅうふだん）** いつまでもぐずぐずして物事の決断ができないこと。

**有言実行（ゆうげんじっこう）** 言ったことは必ず実行すること。

## よ

**容姿端麗（ようしたんれい）** 姿かたちの美しいこと。

**用意周到（よういしゅうとう）** 心づかいが行き届いて、準備に手ぬかりのないさま。

## り

**利害得失（りがいとくしつ）** 利益になることと、そうでないこと。

**離合集散（りごうしゅうさん）** 離れたり集まったりすること。また、協力したり反目したりすること。

**立身出世（りっしんしゅっせ）** 社会的に高い地位につき、世に認められること。

**理非曲直（りひきょくちょく）** 道理にかなったことと道理にかなわないこと。また、正しいこととまちがっていること。

## ろ

**論旨明快（ろんしめいかい）** 議論の主旨・要旨が筋道が通っていてわかりやすいこと。

## わ

**和敬清寂（わけいせいじゃく）** 主人と客が心を和らげて敬い、茶室など身のまわりを清らかで静かに保つこと。

# 学年別漢字配当表

「小学校学習指導要領」（平成23年度実施）による

| | 1年[10級] | 2年[9級] | 3年[8級] | 4年[7級] | 5年[6級] | 6年[5級] |
|---|---|---|---|---|---|---|
| ア | 一 | 引 | 悪安暗 | 愛案 | 圧因 | 異遺域 |
| イ | 右雨 | | 医委意育員院 | 以衣位囲胃印 | 移 | |
| ウ | | 羽雲 | 運 | | | 宇 |
| エ | 円 | 園遠 | 泳駅 | 英栄塩 | 永営衛易益液 | 延沿 |
| オ | 王音 | | 央横屋温 | 億 | 応往桜恩 | 映 |
| カ | 下火花貝学 | 何科夏家歌画回会海絵外角 | 化荷界開階寒感漢館岸 | 加果貨課芽改械害街各覚完官管関観願 | 可仮価河過賀快解格確額刊幹慣眼 | 我灰拡革閣割株干巻看簡 |
| キ | 気九休玉金 | 汽記帰弓牛魚京強教近 | 起期客究急級宮球去橋業曲 | 希季紀喜旗器機議求泣救給挙漁共協鏡競 | 基寄規技義逆久旧居許境均禁 | 危机揮貴疑吸供胸郷勤筋 |
| ク | 空 | 楽活間丸岩顔 | 局銀 | 訓軍郡 | 句群 | |
| ケ | 月犬見 | 兄形計元言原 | 係軽血決研県 | 径型景芸欠結建健好候航康 | 経潔件券険検 | 系敬警劇激穴絹権憲源厳 |
| コ | 五口校 | 戸古午後語工広交光考行今高黄合谷国黒 | 庫湖向幸港号根 | 固功告 | 現減故個護効厚耕鉱構興講混 | 己呼誤后孝皇紅降鋼刻穀骨困 |
| サ | 左三山 | 才細作算 | 祭皿 | 差菜最材昨札刷殺察参産散残 | 査再災妻採際在財罪雑酸賛 | 砂座済裁策冊蚕 |

## 学年別漢字配当表

| | シ | ス | セ | ソ | タ | チ | ツ | テ | ト | ナ | ニ | ネ |
|---|---|---|---|---|---|---|---|---|---|---|---|---|
| 一年 | 子四糸耳七車手十出女小上森人 | 水 | 正生青夕石赤千川先 | 早草足村 | 大男 | 竹中虫町 | | 天田 | 土 | | 二日入 | 年 |
| 二年 | 止市矢姉思紙寺自時室社弱首秋週春書少場色食心新親 | 図数 | 西声星晴切雪船線前 | 組走 | 多太体台 | 地池知茶昼長鳥朝直 | 通 | 店点電 | 刀冬当東答頭同道読 | 内南 | 肉 | |
| 三年 | 仕死使始指歯詩次事持式実写者主守取酒終習集住重宿所暑助昭消商章勝乗進申身神真深 | | 世整昔全 | 相送想息速族 | 他打対待代第 | 着注柱丁帳調題炭短談 | 追 | 定庭笛鉄転 | 都度投豆島湯登等動童 | | | |
| 四年 | 士氏史司試児治辞失借種周祝順初松笑唱焼象照賞臣信 | | 成清静席積省折節説浅戦選然 | 争倉巣束側続卒孫 | 帯隊達単 | 置仲貯兆腸 | | 低底停的典伝 | 徒努灯堂働特得毒 | | | 熱念 |
| 五年 | 支志枝師資飼示似識質舎謝授修述術準序招承証条状常情織職 | | 制性政勢精製税責績接設舌絶銭 | 祖素総造像増則測属率損 | 退貸態団断 | 築張 | | 提程適敵 | 統銅導徳独 | | 任 | 燃 |
| 六年 | 至私姿視詞誌磁射捨尺若樹収宗就衆従縦縮熟純処署諸除将傷障城蒸針仁 | 垂推寸 | 盛聖誠宣専泉洗染善 | 蔵臓存尊奏窓創装層操 | 宅担探誕段暖 | 値宙忠著庁頂潮賃 | 痛 | 展 | 討党糖届 | 難 | 乳認 | |

巻末資料

# 学年別漢字配当表

| 学年 | 字数 | 配当漢字 |
|---|---|---|
| 1年（10級） | 学年字数80字／累計字数80字 | 六　立力林　目　名　木本　文　百　白八 |
| 2年（9級） | 学年字数160字／累計字数240字 | 話　里理　来　用曜　友　夜野　毛門　明鳴　妹万　毎　歩母方北　米　父風分聞　馬売買麦半番 |
| 3年（8級） | 学年字数200字／累計字数440字 | 和　路　礼列練　流旅両緑　落　予羊洋葉陽様　由油有遊　役薬　問　命面　味　放　平返勉　表秒病品　負部服福物　皮悲美鼻筆氷　反坂板　波配倍箱畑発　農 |
| 4年（7級） | 学年字数200字／累計字数640字 | 老労録　令冷例歴連　類　利陸良料量輪略　要養浴　勇　約　無　脈民　未満　末　包法望牧　兵別辺変便　不夫付府副粉　飛費必票標　敗梅博飯 |
| 5年（6級） | 学年字数185字／累計字数825字 | （なし）　余預領　輸　容　綿　迷夢　務　暴　保墓報豊防貿　編弁　仏　布婦富武復複　貧　比肥非備俵評　破犯判版　能 |
| 6年（5級） | 学年字数181字／累計字数1006字 | 朗論　裏　律臨　乱卵覧　幼欲翌　郵優　訳　模　盟　密幕　枚　棒補暮宝訪亡忘　並陛閉片　仏　腹奮　否批秘　晩派拝背肺俳班　納脳 |

（欄外の見出し仮名：ノ　ハ　ヒ　フ　ヘ　ホ　マ　ミ　ム　メ　モ　ヤ　ユ　ヨ　ラ　リ　ル　レ　ロ　ワ）

# 級別漢字表

（小学校学年別配当漢字を除く一一三〇字）

## 4級

- **ア**: 握 扱
- **イ**: 依 威 為 偉 違 維 緯 壱
- **ウ**: 芋 陰 隠
- **エ**: 影 鋭 越 援 憶 煙 鉛 縁
- **オ**: 汚 押 奥 
- **カ**: 菓 暇 箇 雅 介 戒 皆 壊
- **キ**: 監 環 鑑 含 甘 汗 乾 勧 歓／較 獲 刈
- **キ**: 奇 祈 鬼 幾 輝 儀 戯 詰
- **ク**: 却 脚 及 丘 朽 巨 拠 距
- **ケ**: 驚 仰 叫 凶 狂 況 狭 恐 響
- **コ**: 駆 屈 掘 繰
- **サ**: 軒 圏 堅 遣 玄
- **シ**: 恵 傾 継 迎 撃 肩 兼 剣
- **シ**: 荒 香 項 稿 互 抗 攻 込 婚 恒
- **シ**: 鎖 彩 歳 載 剤 咲 惨
- **シ**: 旨 伺 刺 脂 紫 雌 ▶続く

## 3級

- **ア**: 哀
- **イ**: 慰
- **エ**: 詠 悦 閲 炎 宴
- **オ**: 欧 殴 乙 卸 穏
- **カ**: 佳 架 華 嫁 餓 怪 悔 塊
- **カ**: 該 概 郭 隔 穫 岳 掛
- **カ**: 滑 肝 冠 勘 貫 喚 換 敢
- **キ**: 緩
- **キ**: 企 岐 忌 軌 既 棋 棄 騎
- **キ**: 欺 犠 斤 緊
- **ギ**: 脅 凝
- **グ**: 愚 偶 遇
- **ケ**: 刑 契 啓 掲 携 憩 鶏
- **ケ**: 俊 賢 幻
- **コ**: 孤 弧 雇 顧 娯 悟 孔 巧
- **コ**: 甲 坑 拘 郊 控 慌 硬 絞
- **サ**: 債 催 削 搾 錯 撮 擦 暫
- **サ**: 綱 酵 克 恨 紺 魂 墾
- **シ**: 祉 施 諮 侍 慈 軸
- **シ**: ▶続く

## 準2級

- **ア**: 亜
- **イ**: 尉 逸 姻 韻
- **ウ**: 畝 浦
- **エ**: 疫 翁 謁 猿
- **オ**: 凹 禍 渦 靴 寡 稼 蚊 拐 懐
- **カ**: 堪 喝 渇 褐 轄 寡 殻 嚇 潟 括
- **カ**: 棺 款 閑 寛 憾 缶 陥 患 艦
- **カ**: 勅(?) 涯 垣 核 
- **キ**: 頑
- **キ**: 吟
- **ギ**: 飢 宜 偽 擬 糾 窮 拒 享
- **キ**: 挟 恭 矯 暁 菌 琴 謹 襟
- **ク**: 隅 勲 薫
- **ケ**: 繭 茎 渓 蛍 慶 傑 嫌 献 謙
- **コ**: 呉 碁 江 肯 侯 洪 貢 溝
- **サ**: 佐 唆 詐 桟 砕 宰 栽 斎 崎
- **シ**: 索 酢 桟 傘 伞 崎
- **シ**: 肢 嗣 賜 滋 璽 漆 ▶続く

## 2級

- **ア**: 挨 曖 宛 嵐
- **イ**: 畏 萎 椅 彙 茨 咽 淫
- **ウ**: 唄 鬱
- **エ**: 怨 媛 艶
- **オ**: 旺 岡 臆 俺
- **カ**: 骸 柿 顎 葛 釜 鎌 韓 玩
- **カ**: 伎 亀 毀 畿 臼 嗅 巾 僅
- **キ**: 錦
- **ク**: 俱 窟 熊
- **ケ**: 詣 憬 稽 隙 桁 拳 鍵 舷
- **コ**: 駒 頃 痕
- **コ**: 股 虎 鍵 勾 梗 喉 乞 傲
- **サ**: 沙 挫 采 塞 埼 柵 刹 拶
- **サ**: 斬
- **シ**: 恣 摯 餌 鹿 叱 嫉 ▶続く

巻末資料

## 級別漢字表

| 級 | シ(続き) | セ・ス | ソ | タ | チ | テ・ツ | ト | ナ | ニ | ネ | ノ |
|---|---|---|---|---|---|---|---|---|---|---|---|
| 4級 | 執芝斜煮釈寂朱狩趣需舟秀襲柔獣瞬紹旬巡盾召床沼触侵振浸詳丈畳殖飾称尋寝慎震薪尽陣 | 吹是井姓征跡占扇鮮 | 訴僧燥騒贈即俗 | 耐替沢拓濁脱丹淡端弾 | 嘆致遅蓄弾沖跳徴澄恥珍摘滴添殿 | 抵堤摘滴添殿 | 吐途渡奴怒到逃倒桃透盗塔稲踏闘唐峠突鈍曇 | | 弐 | | 悩濃 |
| 3級 | 辛審如徐嬢錠譲嘱辱伸疾湿赦邪殊寿潤遵鐘冗匠昇掌晶焦衝 | 炊粋衰酔遂穂随髄 | 阻措粗礎双桑掃葬 | 遭憎搾請繕摂潜繕 | 託諾胎袋逮滞壇 息胎促逮鍛彫超 | 稚畜室抽鋳駐彫超 墜聴陳鎮 | 斗塗凍陶痘匿篤豚 帝訂締哲 | | 尿 | 粘 | |
| 準2級 | 津彰症庶 唇娠紳診刃迅甚 償礁 祥叙淑粛塾俊准殉循庶 緒渉升抄硝粧詔奨宵 遮蛇酌爵汁充渋銃儒囚臭 愁酬醜汁充 | 帥睡枢崇据杉栓 斉逝誓析拙窃仙栓 | 旋践遷薦繊禅漸曹 租疎霜藻壮荘搜挿 | 喪堕惰駄泰但棚 妥 | 痴逐秩嫡衷弔挑眺 釣懲勅朕 | 塚漬坪 呈廷邸亭貞逓偵艇 泥迭徹撤 | 搭棟筒謄騰洞督 悼屯 | | 妊忍 尼 | 軟 | 寧 |
| 2級 | 芯腎腫呪袖羞蹴憧拭尻 | 須裾凄醒脊戚煎羨腺詮 | 箋膳遡曽爽痩踪捉遜 | 汰唾堆戴誰旦綻 | 緻酎貼嘲捗 椎爪鶴 諦溺填 | 呈廷邸亭貞逓偵艇 諦溺填 | 妬賭藤瞳栃頓貪丼 | 那奈梨謎鍋 | 匂虹 | | 捻 |

## 級別漢字表

**計316字　5級まで1006字　累計1322字**

| | |
|---|---|
| ハ | 杯 輩 拍 治 迫 薄 爆 髪 般 販 搬 範 繁 盤 |
| ヒ | 彼 疲 被 避 尾 微 匹 描 |
| フ | 幅 払 浮 普 腐 敷 膚 賦 |
| ヘ | 柄 壁 |
| ホ | 怖 浜 敏 捕 舗 抱 峰 砲 忙 坊 肪 冒 傍 帽 盆 |
| マ | 舞 |
| ミ | 賦 |
| ム | 慢 漫 |
| メ | 妙 眠 |
| モ | 矛 霧 娘 |
| ヤ | 躍 |
| ユ | 雄 |
| ヨ | 茂 猛 網 黙 紋 |
| ラ | 与 誉 溶 雷 頼 絡 欄 |
| リ | 離 粒 慮 療 隣 |
| ル | 涙 |
| レ | 隷 齢 麗 暦 劣 烈 恋 |
| ロ | 露 郎 |
| ワ | 惑 腕 |

**計285字　4級まで1322字　累計1607字**

| | |
|---|---|
| ハ | 婆 排 陪 縛 伐 帆 伴 畔 |
| ヒ | 卑 碑 泌 姫 漂 苗 |
| フ | 赴 符 封 伏 覆 紛 墳 |
| ヘ | 癖 |
| ホ | 募 慕 簿 芳 邦 奉 妨 房 某 胞 傲 膨 |
| マ | 魔 埋 膜 又 |
| ミ | 謀 墨 没 乏 |
| ム | 崩 飽 縫 |
| メ | 魅 |
| モ | 滅 免 |
| ヤ | 幽 誘 憂 抑 |
| ユ | 裸 濫 揺 擁 |
| ヨ | 吏 隆 了 猟 陵 糧 厘 |
| ラ | 湾 |
| リ | 炉 浪 廊 楼 漏 |
| ル | 励 零 霊 裂 廉 錬 |
| レ | 齢 |

**計333字　3級まで1607字　累計1940字**

| | |
|---|---|
| ハ | 把 覇 廃 鉢 閥 培 媒 賠 伯 舶 |
| ヒ | 妃 披 扉 罷 猫 煩 頒 頻 瓶 |
| フ | 扶 附 譜 侮 沸 雰 憤 |
| ヘ | 丙 併 塀 剖 幣 弊 偏 遍 |
| ホ | 堀 泡 俸 褒 剖 紡 朴 僕 撲 |
| マ | 麻 摩 磨 抹 |
| ミ | 岬 |
| ム | 謀 |
| メ | 銘 盲 耗 |
| モ | 妄 |
| ヤ | 厄 |
| ユ | 愉 諭 癒 唯 悠 猶 裕 融 |
| ヨ | 庸 窯 |
| ラ | 羅 |
| リ | 痢 履 柳 竜 硫 虜 涼 僚 |
| ル | 寮 倫 |
| レ | 累 塁 鈴 |
| ロ | 戻 |
| ワ | 賄 枠 |

**計196字　準2級まで1940字　累計2136字**

| | |
|---|---|
| ハ | 罵 剥 箸 汎 氾 阪 斑 |
| ヒ | 眉 膝 肘 |
| フ | 阜 訃 |
| ヘ | 蔽 餅 璧 蔑 |
| ホ | 哺 蜂 貌 頬 睦 勃 |
| マ | 味 枕 |
| ミ | 蜜 |
| ム | 冥 麺 |
| メ | 冶 弥 闇 |
| モ | 妖 瘍 藍 沃 |
| ヤ | 喩 湧 |
| ユ | 拉 辣 侶 瞭 |
| ヨ | 璃 慄 |
| ラ | 瑠 |
| リ | 呂 賂 弄 籠 麓 |
| ル | 脇 |

# 中学校で学習する音訓一覧表

*学習漢字のうち、中学校で習う読み方を学年・字音の五十音順に一覧表にした。

## 小学校1年

| 漢字 | 読み |
|---|---|
| 音 | イン |
| 下 | もと |
| 字 | あざ |
| 耳 | ジ |
| 手 | た |
| 出 | スイ |
| 女 | ニョ |
| 上 | のぼ(せる)／のぼ(す) |
| 生 | き／お(う) |
| 夕 | セキ |
| 石 | コク |
| 川 | セン |
| 早 | サッ |
| 文 | ふみ |

## 小学校2年

| 漢字 | 読み |
|---|---|
| 目 | ボク |
| 羽 | ウ |
| 園 | その |
| 何 | カ |
| 夏 | ゲ |
| 外 | ゲ |
| 弓 | キュウ |
| 京 | ケイ |
| 強 | ゴウ／し(いる) |
| 兄 | ケイ |
| 後 | おく(れる) |
| 公 | おおやけ |
| 交 | コウ／か(う)／か(わす) |
| 黄 | こ |
| 姉 | シ |
| 室 | むろ |
| 今 | キン |
| 新 | にい |
| 図 | はか(る) |
| 声 | こわ |
| 星 | ショウ |
| 切 | サイ |
| 体 | テイ |
| 茶 | サ |
| 弟 | テイ |
| 頭 | かしら |
| 内 | ダイ |
| 麦 | バク |

## 小学校3年

| 漢字 | 読み |
|---|---|
| 谷 | コク |
| 妹 | マイ |
| 万 | バン |
| 門 | かど |
| 来 | きた(る)／きた(す) |
| 化 | ケ |
| 荷 | カ |
| 客 | カク |
| 究 | きわ(める) |
| 宮 | グウ |
| 業 | わざ |
| 軽 | かろ(やか) |
| 研 | と(ぐ) |
| 幸 | さち |
| 次 | シ |
| 守 | も(り) |
| 州 | す |
| 拾 | シュウ／ジュウ |
| 集 | つど(う) |
| 重 | え |
| 助 | すけ |
| 商 | あきな(う) |
| 勝 | まさ(る) |
| 申 | シン |
| 神 | かん |
| 昔 | シャク |
| 相 | ショウ |
| 速 | すみ(やか) |
| 対 | ツイ |

## 小学校4年

| 漢字 | 読み |
|---|---|
| 代 | しろ |
| 丁 | テイ |
| 調 | ととの(う)／ととの(える) |
| 度 | タク／たび |
| 童 | わらべ |
| 発 | ホツ |
| 反 | タン |
| 鼻 | ビ |
| 病 | や(む) |
| 命 | ミョウ |
| 面 | おも／おもて |
| 役 | エキ |
| 有 | ウ |
| 和 | やわ(らぐ)／やわ(らげる)／なご(む)／なご(やか) |
| 初 | そ(める) |
| 笑 | ショウ／え(む) |
| 衣 | ころも |
| 街 | カイ |
| 器 | うつわ |
| 機 | はた |
| 泣 | キュウ |
| 競 | きそ(う) |
| 極 | ゴク／きわ(める)／きわ(まる)／きわ(み) |
| 結 | ゆ(う)／ゆ(わえる) |
| 健 | すこ(やか) |
| 氏 | うじ |
| 試 | ため(す) |
| 児 | ニ |
| 辞 | や(める) |
| 要 | い(る) |
| 民 | たみ |
| 牧 | まき |
| 望 | モウ |
| 夫 | フウ |
| 費 | つい(やす)／つい(える) |
| 得 | う(る) |
| 仲 | チュウ |
| 戦 | いくさ |
| 浅 | セン |
| 静 | ジョウ |
| 省 | かえり(みる) |
| 焼 | ショウ |

## 中学校で学習する音訓一覧表

### 小学校5年

| 漢字 | 読み |
|---|---|
| 仮 | ケ |
| 眼 | まなこ |
| 基 | もと |
| 技 | わざ |
| 境 | キョウ |
| 経 | ケイ |
| 故 | ゆえ |
| 厚 | コウ |
| 災 | わざわ(い) |
| 財 | サイ |
| 示 | シ |
| 似 | ジ |
| 質 | シチ |
| 謝 | あやま(る) |
| 授 | さず(ける)／さず(かる) |
| 修 | シュ |
| 承 | うけたまわ(る) |
| 性 | ショウ |
| 精 | ショウ |
| 舌 | ゼツ |
| 銭 | ぜに |
| 素 | ス |
| 率 | ソツ |
| 損 | そこ(なう)／そこ(ねる) |
| 貸 | タイ |
| 断 | た(つ) |
| 提 | さ(げる) |
| 程 | ほど |
| 敵 | かたき |
| 犯 | おか(す) |
| 貧 | ヒン |

### 小学校6年

| 漢字 | 読み |
|---|---|
| 報 | むく(いる) |
| 暴 | バク |
| 迷 | メイ |
| 遺 | ユイ |
| 映 | は(える) |
| 我 | ガ |
| 灰 | カイ |
| 革 | かわ |
| 割 | さ(く) |
| 干 | ひ(る) |
| 危 | あや(うい)／あや(ぶむ) |
| 机 | キ |
| 貴 | たっと(い)／とうと(い)／たっと(ぶ)／とうと(ぶ) |
| 胸 | むな |
| 郷 | ゴウ |
| 穴 | ケツ |
| 厳 | おごそ(か) |
| 己 | キ／おのれ |
| 紅 | ク／くれない |
| 鋼 | はがね |
| 砂 | シャ |
| 座 | すわ(る) |
| 裁 | た(つ) |
| 若 | ジャク |
| 宗 | ソウ |
| 就 | つ(く)／つ(ける) |
| 熟 | う(れる) |
| 除 | ジ |
| 傷 | いた(む)／いた(める) |
| 蒸 | む(す)／む(れる)／む(らす) |
| 仁 | ニ |
| 推 | お(す) |
| 盛 | セイ／さか(る)／さか(ん) |
| 誠 | まこと |
| 専 | もっぱ(ら) |
| 染 | セン |
| 装 | ショウ |
| 操 | あやつ(る) |
| 蔵 | くら |
| 探 | さぐ(る) |
| 値 | あたい |
| 著 | あらわ(す)／いちじる(しい) |
| 討 | う(つ) |
| 乳 | ち |
| 認 | ニン |
| 納 | ナッ／トウ |
| 背 | そむ(く)／そむ(ける) |
| 秘 | ひ(める) |
| 並 | ヘイ |
| 閉 | と(ざす) |
| 片 | ヘン |
| 暮 | ボ |
| 訪 | おとず(れる) |
| 忘 | ボウ |
| 優 | やさ(しい)／すぐ(れる) |
| 欲 | ほ(しい) |
| 卵 | ラン |
| 裏 | リ |
| 臨 | のぞ(む) |
| 朗 | ほが(らか) |

巻末資料

# 高等学校で学習する音訓一覧表

*学習漢字のうち、高等学校で習う読み方を学年・字音の五十音順に一覧表にした。

| | | | | | | | | | | | | | | |
|---|---|---|---|---|---|---|---|---|---|---|---|---|---|---|
| 行 アン | 会 エ | 回 エ | 遠 オン | **小学校2年** | 立 リュウ | 目 ま | 白 ビャク | 天 あめ | 赤 シャク | 青 ショウ | 上 ショウ | 女 ニョウ | 火 ほ | **小学校1年** |
| 期 ゴ | 悪 オ | **小学校3年** | 歩 フ | 聞 モン | 風 フ | 馬 ま | 南 ナ | 道 トウ | 頭 ト | 通 ツ | 声 ショウ | 数 ス | 食 ジキ／く(らう) | 矢 シ |
| 氷 ひ | 坂 ハン | 反 ホン | 度 ト | 定 さだ(か) | 着 ジャク | 想 ソ | 昔 セキ | 神 こう | 主 ス | 事 ズ | 仕 ジ | 庫 ク | 業 ゴウ | 宮 ク |
| 功 ク | 験 ゲン | 建 コン | 競 せ(る) | 各 おのおの | 栄 は(え)／は(える) | **小学校4年** | 和 オ | 礼 ライ | 緑 ロク | 流 ル | 遊 ユ | 由 ユイ／よし | 面 つら | 病 ヘイ |
| 法 ホッ | 兵 ヒョウ | 博 バク | 灯 ひ | 兆 きざ(す)／きざ(し) | 巣 ソウ | 説 ゼイ | 節 セチ | 清 ショウ | 成 ジョウ | 初 うい | 祝 シュウ | 産 うぶ | 殺 サイ／セツ | 候 そうろう |
| 潔 いさぎよ(い) | 久 ク | 基 もとい | 眼 ゲン | 格 コウ | 解 ゲ | 過 あやま(つ)／あやま(ち) | 価 あたい | 桜 オウ | 益 ヤク | 因 よ(る) | **小学校5年** | 老 ふ(ける) | 利 き(く) | 末 バツ |
| | 暴 あば(く) | 富 フウ | 統 す(べる) | 団 トン | 接 つ(ぐ) | 政 ショウ／まつりごと | 織 ショク | 情 セイ | 常 とこ | 質 チ | 枝 シ | 酸 す(い) | 際 きわ | 興 おこ(る)／おこ(す) |
| | 奏 かな(でる) | 染 し(みる)／し(み) | 盛 ジョウ | 障 さわ(る) | 従 ショウ／ジュ | 衆 シュ | 就 ジュ | 若 ニャク／も(しくは) | 冊 サク | 厳 ゴン | 権 ゴン | 絹 ケン | 勤 ゴン | 供 ク／**小学校6年** |
| | | | | 律 リチ | 欲 ほっ(する) | 亡 な(い) | 否 いな | 納 ナ | 難 ナン | 担 かつ(ぐ)／にな(う) | 操 みさお | 装 よそお(う) | | |

# 常用漢字表 付表（熟字訓・当て字　一一六語）

＊小・中・高…小学校・中学校・高等学校のどの時点で学習するかの割り振りを示した。
※以下に挙げられている語を構成要素の一部とする熟語に用いてもかまわない。
例「河岸（かし）」→「魚河岸（うおがし）」／「居士（こじ）」→「一言居士（いちげんこじ）」

| 語 | 読み | 小 | 中 | 高 |
|---|---|---|---|---|
| 明日 | あす | ● | | |
| 小豆 | あずき | | ● | |
| 海女 | あま | | ● | |
| 海士 | あま | | | ● |
| 硫黄 | いおう | | ● | |
| 意気地 | いくじ | | ● | |
| 田舎 | いなか | | ● | |
| 息吹 | いぶき | | | ● |
| 海原 | うなばら | | ● | |
| 乳母 | うば | | | ● |
| 浮気 | うわき | | | ● |
| 浮つく | うわつく | | ● | |
| 笑顔 | えがお | | ● | |
| 叔父 | おじ | | ● | |
| 伯父 | おじ | | ● | |
| 大人 | おとな | ● | | |
| 乙女 | おとめ | | ● | |
| 叔母 | おば | | ● | |
| 伯母 | おば | | ● | |
| お巡りさん | おまわりさん | | ● | |
| お神酒 | おみき | | | ● |
| 母屋 | おもや | | | ● |
| 母家 | おもや | | | ● |
| 母さん | かあさん | ● | | |
| 神楽 | かぐら | | | ● |
| 河岸 | かし | | | ● |
| 鍛冶 | かじ | | | ● |
| 風邪 | かぜ | | ● | |
| 固唾 | かたず | | | ● |
| 仮名 | かな | | ● | |
| 蚊帳 | かや | | | ● |
| 為替 | かわせ | | ● | |
| 河原 | かわら | ● | | |
| 川原 | かわら | ● | | |
| 昨日 | きのう | ● | | |
| 今日 | きょう | ● | | |

常用漢字表　付表

| 語 | 読み | 小 | 中 | 高 |
|---|---|---|---|---|
| 果物 | くだもの | ● | | |
| 玄人 | くろうと | | | ● |
| 今朝 | けさ | ● | | |
| 景色 | けしき | ● | | |
| 心地 | ここち | | ● | |
| 居士 | こじ | | | ● |
| 今年 | ことし | ● | | |
| 早乙女 | さおとめ | | ● | |
| 雑魚 | ざこ | | | ● |
| 桟敷 | さじき | | | ● |
| 差し支える | さしつかえる | | ● | |
| 五月 | さつき | | ● | |
| 早苗 | さなえ | | ● | |
| 五月雨 | さみだれ | | ● | |
| 時雨 | しぐれ | | ● | |
| 尻尾 | しっぽ | | ● | |
| 竹刀 | しない | | ● | |
| 老舗 | しにせ | | | ● |
| 芝生 | しばふ | | ● | |
| 清水 | しみず | ● | | |
| 三味線 | しゃみせん | | ● | |
| 砂利 | じゃり | | ● | |
| 数珠 | じゅず | | | ● |
| 上手 | じょうず | ● | | |
| 白髪 | しらが | | ● | |
| 素人 | しろうと | | | ● |
| 師走 | しわす(しはす) | | | ● |
| 数寄屋 | すきや | | | ● |
| 数奇屋 | すきや | | | ● |
| 相撲 | すもう | | ● | |
| 草履 | ぞうり | | ● | |
| 山車 | だし | | | ● |
| 太刀 | たち | | ● | |
| 立ち退く | たちのく | | ● | |
| 七夕 | たなばた | ● | | |
| 足袋 | たび | | | ● |
| 稚児 | ちご | | | ● |
| 一日 | ついたち | ● | | |
| 築山 | つきやま | | | ● |
| 梅雨 | つゆ | | ● | |
| 凸凹 | でこぼこ | | ● | |
| 手伝う | てつだう | ● | | |

## 常用漢字表　付表

| 語 | 読み |
|---|---|
| 伝馬船 | てんません |
| 投網 | とあみ |
| 父さん | とうさん |
| 十重二十重 | とえはたえ |
| 読経 | どきょう |
| 時計 | とけい |
| 友達 | ともだち |
| 仲人 | なこうど |
| 名残 | なごり |
| 雪崩 | なだれ |
| 兄さん | にいさん |
| 姉さん | ねえさん |
| 野良 | のら |
| 祝詞 | のりと |
| 博士 | はかせ |
| 二十 | はたち |
| 二十歳 | はたち |
| 二十日 | はつか |
| 波止場 | はとば |
| 一人 | ひとり |
| 日和 | ひより |
| 二人 | ふたり |
| 二日 | ふつか |
| 吹雪 | ふぶき |
| 下手 | へた |
| 部屋 | へや |
| 迷子 | まいご |
| 真面目 | まじめ |
| 真っ赤 | まっか |
| 真っ青 | まっさお |
| 土産 | みやげ |
| 息子 | むすこ |
| 眼鏡 | めがね |
| 猛者 | もさ |
| 紅葉 | もみじ |
| 木綿 | もめん |
| 最寄り | もより |
| 八百長 | やおちょう |
| 八百屋 | やおや |
| 大和 | やまと |
| 弥生 | やよい |
| 浴衣 | ゆかた |
| 行方 | ゆくえ |
| 寄席 | よせ |
| 若人 | わこうど |

# 二とおりの読み

「常用漢字表」(平成22年) 本表備考欄による

↓のようにも読める。

| 漢字 | 読み1 | | 読み2 |
|---|---|---|---|
| 遺言 | ユイゴン | ↓ | イゴン |
| 奥義 | オウギ | ↓ | おくぎ |
| 堪能 | カンノウ | ↓ | タンノウ |
| 吉日 | キチジツ | ↓ | キツジツ |
| 兄弟 | キョウダイ | ↓ | ケイテイ |
| 甲板 | カンパン | ↓ | コウハン |
| 合点 | ガッテン | ↓ | ガテン |
| 昆布 | コンブ | ↓ | コブ |
| 紺屋 | コンや | ↓ | コウや |
| 詩歌 | シカ | ↓ | シイカ |
| 七日 | なのか | ↓ | なぬか |
| 老若 | ロウニャク | ↓ | ロウジャク |
| 寂然 | セキゼン | ↓ | ジャクネン |
| 法主 | ホッス | ↓ | ホウシュ / ホッシュ |
| 十 | ジッ | ↓ | ジュッ |
| 情緒 | ジョウチョ | ↓ | ジョウショ |
| 憧憬 | ショウケイ | ↓ | ドウケイ |
| 人数 | ニンズ | ↓ | ニンズウ |
| 寄贈 | キソウ | ↓ | キゾウ |
| 側 | がわ | ↓ | かわ |
| 唾 | つば | ↓ | つばき |
| 愛着 | アイジャク | ↓ | アイチャク |
| 執着 | シュウジャク | ↓ | シュウチャク |
| 貼付 | チョウフ | ↓ | テンプ |
| 難しい | むずかしい | ↓ | むつかしい |
| 分泌 | ブンピツ | ↓ | ブンピ |
| 富貴 | フウキ | ↓ | フッキ |
| 文字 | モンジ | ↓ | モジ |
| 大望 | タイモウ | ↓ | タイボウ |
| 頬 | ほお | ↓ | ほほ |
| 末子 | バッシ | ↓ | マッシ |
| 末弟 | バッテイ | ↓ | マッテイ |
| 免れる | まぬかれる | ↓ | まぬがれる |
| 妄言 | ボウゲン | ↓ | モウゲン |
| 面目 | メンボク | ↓ | メンモク |
| 問屋 | とんや | ↓ | といや |
| 礼拝 | ライハイ | ↓ | レイハイ |

# ■ 注意すべき読み

「常用漢字表」(平成22年) 本表備考欄による

| | | |
|---|---|---|
| 三位一体 | サンミイッタイ | |
| 従三位 | ジュサンミ | |
| 一羽 | イチわ | |
| 三羽 | サンば | |
| 六羽 | ロッぱ | |
| 春雨 | はるさめ | |
| 小雨 | こさめ | |
| 霧雨 | きりさめ | |
| 因縁 | インネン | |
| 親王 | シンノウ | |
| 勤王 | キンノウ | |
| 反応 | ハンノウ | |
| 順応 | ジュンノウ | |
| 観音 | カンノン | |
| 安穏 | アンノン | |
| 天皇 | テンノウ | |
| 身上 | シンショウ シンジョウ（読み方により意味が違う） | |
| 一把 | イチワ | |
| 三把 | サンバ | |
| 十把 | ジッ（ジュッ）パ | |

制作協力―株式会社 アスク
SATO DESIGN
有限会社 アートボックス
株式会社 日本レキシコ
株式会社 プランディット
株式会社 渋谷文泉閣
株式会社 イシワタグラフィックス

## 漢検 4級 分野別問題集 改訂二版

2012年6月20日 第1版第2刷 発行
編　者　財団法人日本漢字能力検定協会
発行者　髙坂　節三
印刷所　株式会社 太洋社
製本所　株式会社 渋谷文泉閣

発行所　財団法人 日本漢字能力検定協会
〒600-8585 京都市下京区烏丸通松原下る五条烏丸町398
☎075(352)8300　FAX 075(352)8310
ホームページ　http://www.kanken.or.jp/
©The Japan Kanji Aptitude Testing Foundation 2012
Printed in Japan
ISBN978-4-89096-229-7 C0081

乱丁・落丁本はお取り替えいたします。
「漢検」は登録商標です。

本書の内容の一部あるいは全部を無断で複写複製（コピー）
することは著作権法上での例外を除き、禁じられています。